Die Botschaft des Ramana Maharshi

Advaita
im Lüchow Verlag

Avadhuta Gita
Ardagh: *Klares Sehen*
Ardagh: *Warum nicht Jetzt?*
Balsekar: *Anmerkungen zu Wissenschaft und Nicht-Dualität*
Balsekar: *Die Eine Wahrheit*
Balsekar: *Die Lehre erleben*
Balsekar: *Erleuchtende Briefe*
Balsekar: *Erleuchtende Gespräche*
Balsekar: *Schuld und Sünde: Der IrrSinn des Verstandes*
Gangaji: *DU BIST DAS,* Band I
Gangaji: *DU BIST DAS,* Band II
Gangaji: *Freiheit und Entschlossenheit*
Gangaji & Jaxon-Bear: *Die Flamme der Wahrheit*
Gaudapada/Raphael: *Māṇḍūkyakārikā*
Hillig: *Erleuchtung für Anfänger*
Jaxon-Bear: *Lied der Freiheit*
Klein: *Dein wahres Ich*
Murthy: *Vom Bewusstsein getroffen*
Parkin: *Die Geburt des Löwen*
Parsons: *Open Secret*
Ramana Maharshi: *Die Botschaft des Ramana Maharshi*
Raphael: *Jenseits des Zweifels*
Shapiro: *Wellen des Friedens*
Shapiro: *Es geschieht ganz von selbst*
Wei Wu Wei: *Das Offenbare Geheimnis*
Wei Wu Wei: *Die Einfache Erkenntnis*

edition**advaita** k&l: *Wer bin ich? Das?*

Die Botschaft des Ramana Maharshi

Antworten von Shri Ramana Maharshi an seine Schüler

Lüchow

Titel der englischen Original-Ausgabe
MAHARSHI'S GOSPEL

Übersetzt von Anny Alt

Mein besonderer Dank gilt Frau Elfriede Zühlsdorf
und Ihrem Ehemann Dr. Günter Zühlsdorf,
der dieses Buch bereits 1954 verlegte
und
Frau Hilde Hartmann, die es mir ans Herz gelegt hat.
Ihnen widme ich es.
(Der Verleger)

Die Deutsche Bibliothek – CIP Cataloguing-in-Publication-Data
A catalogue record for this publication is available from
Die Deutsche Bibliothek

1. Neuauflage 2001

Überarbeitung der Übersetzung: Chandravali Schang
Korrektur: Werner Biedenkopf
Umschlaggestaltung: Designagentur Krafft, Bad Krozingen
Satz: DTP+ Printmediengestaltung M. Heublein, Freiburg i. Br.
Druck und Bindung: Freiburger Graphische Betriebe
Gedruckt in Deutschland
ISBN 3-932761-07-3

Inhalt

Aus dem Vorwort der englischen Ausgabe

Den dringenden Bitten vieler Anhänger Bhagavan Shri Ramana Maharshis entsprechend, sind seine Antworten auf eine Reihe von Fragen, die von Zeit zu Zeit an ihn gestellt worden sind, hier zusammengefasst unter dem Titel »Die Botschaft des Ramana Maharshi«, zum Segen aller herausgegeben worden.

Diese Fragen stellen sich ebenso vielen von uns, und wir ringen um ihre Lösung. Die Antworten des Maharshi sind der Inbegriff göttlicher Weisheit und von unschätzbarem Wert für den ernsthaften Wahrheitssucher, da sie sich auf unmittelbare Erkenntnis und Erfahrung stützen.

Der aufmerksame Leser wird darin praktische Hinweise finden und die Überzeugung gewinnen, dass seine wesentliche Natur göttlich ist. Diese Überzeugung aber wird ihn in seinem spirituellen Streben tragen.

Die tiefe Wahrheit von *Advaita*, dass die eine und einzige Wirklichkeit das Absolute Selbst oder Brahman ist, ist wohl nirgends klarer dargelegt worden als in diesem Buch, da einerseits Bhagavan Shri Maharshi aus seiner eigenen höchsten Erfahrung spricht und andererseits ebenso der Laie zu Wort kommt, der aus dem Blickwinkel des Durchschnittsverständnisses die Wahrheit zu erkennen sucht.

Die Wahrheit ist für alle die gleiche, und Shri Bhagavan führt den aufrichtigen Sucher dahin, die eigene, unmittelbare Erfahrung zu suchen und kritisch zu prüfen und selbst den Kern seines Wesens zu entdecken, das »Herz«, das ewig identisch ist mit der einen, letzten Wirklichkeit, während alles Übrige nur der vorübergehenden Erscheinungswelt angehört.

Jedes Wort von den Lippen des Weisen ist von gleicher Essenz wie die Weisheit der Upanishaden, deren Verkörperung er selbst in höchstem Maße ist.

Die »Botschaft des Ramana Maharshi« ist in der Tat die Botschaft der Wahrheit!

DIE BOTSCHAFT DES RAMANA MAHARSHI

1
Rückzug und Aktivität

Frage: Was ist das höchste Ziel der spirituellen Erfahrung?

Maharshi: Die Verwirklichung des Selbst.

Frage: Hat die Selbstverwirklichung oder der Weg zu ihr eine besondere, vielleicht rein asketische Lebensführung zur Voraussetzung, oder kann auch ein verheirateter Mensch das Selbst verwirklichen?

Maharshi: Sicherlich kann er es. Ob verheiratet oder nicht, jeder Mensch kann das Selbst verwirklichen, denn es ist hier und jetzt gegenwärtig. Wäre dies nicht so, sondern könnte man es wie irgendein anderes der vielen möglichen Ziele durch eine bestimmte Anstrengung in einer bestimmten Zeit erreichen wie etwas Neues, das man sich erst erwerben muss, dann wäre es nicht wert, danach zu suchen. Denn was nicht natürlich ist, ist auch nicht von Dauer. Ich aber sage dir, dass das Selbst hier und jetzt gegenwärtig ist und dass nichts anderes als nur das Selbst allein existiert.

Frage: Eine Salzfigur, die man ins Meer taucht, wird durch einen wasserdichten Mantel nicht geschützt. Diese Welt, in der wir uns Tag für Tag plagen und abmühen, gleicht dem Ozean.

Maharshi: Ja, der Geist bzw. das Gemüt ist der wasserdichte Mantel.

Frage: Kann ich also arbeiten und dennoch innerlich bei mir bleiben, wenn ich mich von Wünschen freihalte? Die Pflichten des Lebens lassen uns wenig Zeit für Meditation oder auch nur für Gebet.

Maharshi: Ja. Eine Arbeit, die man mit Anhaftung tut, ist eine Fessel, während eine Handlung in innerer Losgelöstheit den Handelnden nicht berührt. Er ist auch während seiner Arbeit in Einsamkeit. Deine Pflichterfüllung ist die wahre Anbetung (*Namaskar*) und In-Gott-Weilen die einzig richtige Haltung (*Asan*)[1]

Frage: Wäre es für mich nicht besser, mein Zuhause aufzugeben?

Maharshi: Wenn das deine Bestimmung wäre, würdest du diese Frage nicht stellen.

Frage: Warum bist Du dann in Deiner Jugend von Deinem Zuhause weggegangen?

Maharshi: Alles geschieht durch die göttliche Fügung. Die Geschehnisse unseres Lebens werden durch unser *Prarabdha*[2] bestimmt.

Frage: Soll ich meine ganze Zeit der Selbsterforschung widmen, oder soll ich, wenn das nicht durchführbar ist, bloß still sein?

---

[1] Asan bedeutet wörtlich Positur, Sitzhaltung (bei Yoga-Übungen).

[2] Prarabdha: das gegenwärtig infolge der vergangenen Taten sich auswirkende Schicksal.

Maharshi: Wenn du ohne irgendein anderes Streben still bleiben kannst, ist es sehr gut. Wenn dies nicht möglich ist, so wird dein Stillbleiben der Verwirklichung nicht nützen. Solange man einer Beschäftigung nachgehen muss, sollte man nicht in der Bemühung nachlassen, das Selbst zu verwirklichen.

Frage: Haben nicht die Handlungen eines Menschen Einfluss auf seine zukünftigen Leben?

Maharshi: Bist du jetzt geboren? Warum denkst du an zukünftige Geburten? In Wirklichkeit gibt es weder Geburt noch Tod. Lass den, der geboren ist, an den Tod und dessen Linderung denken[3].

Frage: Kannst Du uns die Toten zeigen?

Maharshi: Kanntest du deine Verwandten vor ihrer Geburt, dass du wünschst, sie nach ihrem Tod zu sehen?

*Frage: Wie verhält es sich mit dem Familienvater (*Grhastha*) auf dem Erlösungsweg? Sollte er nicht besser ein Mönch (*Sannyasi*) werden, um die Befreiung zu erlangen?*

Maharshi: Warum denkst du, dass du ein Familienvater bist? Wenn du als Sannyasi umhergehst, werden dich ähnliche Gedanken, nämlich ein Sannyasi zu sein, begleiten. Dein Geist verfolgt dich überall, ob du zu Hause bleibst oder dein Heim aufgibst und in die Waldeinsamkeit gehst. Der Ursprung des Denkens ist das Ich. Dieses Ich erschafft den Körper und die Welt und lässt dich denken, du seist ein Familienvater. Ent-

[3] Vergl.: »Lasst die Toten ihre Toten begraben …« Lukas IX, 60. (Anm. d. Übers.)

sagst du dem Stand des Familienvaters, so tauschst du bloß die Vorstellung »Familienvater« gegen die Vorstellung »Mönch« ein und die Umgebung des Heims gegen die des Waldes. Die geistigen Hindernisse jedoch werden bleiben, ja, sie werden sich in der neuen Umgebung sogar bedeutend vergrößern. Wie könnte dir ein Wechsel der Umgebung die Hindernisse überwinden helfen, die doch allein in deinem Geist und Gemüt liegen? *Diese* musst du auflösen, sei es zu Hause oder im Wald. Kannst du es im Wald, warum nicht zu Hause? Weshalb willst du dann die Umgebung ändern? Du kannst in jedem Augenblick mit der Arbeit in deinem Inneren beginnen, ohne Rücksicht auf deine äußere Umgebung.

Frage: Kann man Samadhi *(den transzendentalen Seinszustand) erfahren, während man seine weltliche Arbeit verrichtet?*

Maharshi: Das Gefühl: »Ich arbeite« ist das Hindernis. Frage dich, wer derjenige ist, der arbeitet. Erinnere dich daran, wer du in Wahrheit bist, dann wird dich die Arbeit nicht mehr binden, sondern wird von selbst geschehen. Unternimm keine Anstrengungen, weder um zu arbeiten noch um zu entsagen, denn diese Anstrengung eben ist die Fessel. Was geschehen soll, wird geschehen. Wenn es deine Bestimmung ist, nicht zu arbeiten, wirst du keine Arbeit bekommen, egal wie du ihr auch nachjagst; ist es dir bestimmt zu arbeiten, so wirst du die Arbeit nicht umgehen können, sondern wirst gezwungen werden, dich mit ihr zu beschäftigen. Überlasse also alles der höheren Macht; du kannst nicht aufgeben oder beibehalten, wie es dir beliebt.

Frage: Bhagavan hat gestern gesagt, dass die »äußere« Arbeit von selbst geschieht, während man Gott im »Innern« sucht.

Aus dem Leben Shri Chaitanyas *erzählt man, er habe während seiner Vorträge vor den Schülern in Wirklichkeit in seinem*

Inneren nach Krishna *(dem Selbst) gesucht, daraufhin ganz seinen Körper vergessen und nur noch von* Krishna *gesprochen. Aufgrund dieser Begebenheit könnte man daran zweifeln, ob man die Arbeit tatsächlich sich selbst überlassen kann. Sollte man nicht einen Teil seiner Aufmerksamkeit auf die Arbeit richten?*

Maharshi: Das Selbst ist alles. Bist du vom Selbst getrennt, oder kann die Arbeit ohne das Selbst vor sich gehen? Das Selbst umfasst alles; daher werden alle Handlungen weiter geschehen, ob du nun danach strebst, dich mit ihnen zu beschäftigen, oder nicht. Die Arbeit geht von selbst weiter. Darum sagte *Krishna* zu *Arjuna* auch, er brauche keine Bedenken wegen der Vernichtung der *Kauravas*[4] zu haben, denn Gott hätte sie bereits geschlagen. Es wäre nicht seine Aufgabe, sich zu der Tat zu entschließen und sich ihretwegen Sorgen zu machen, sondern er brauche bloß seiner eigenen Natur zu erlauben, den Willen der höheren Macht auszuführen.

Frage: Die Arbeit kann aber darunter leiden, wenn ich mich ihr nicht zuwende.

Maharshi: Sich dem Selbst hinzugeben bedeutet, sich der Arbeit hinzugeben. Du identifizierst dich mit dem Körper und bildest dir deshalb ein, dass du derjenige bist, der die Arbeit tut. Doch der Körper und seine Aktivitäten einschließlich dieser Arbeit sind nicht vom Selbst getrennt. Was macht es, ob du dich um die Arbeit kümmerst oder nicht? Wenn du von einem Ort zum anderen gehst, kümmerst du dich dabei nicht um die Schritte, die du machst, und befindest dich trotzdem nach einer gewissen Zeit am Ziel. Das Gehen geschieht von selbst,

[4] seiner Gegner in der Schlacht, unter denen sich aber auch Verwandte und Lehrer von ihm befinden

ohne dass du dich darum kümmerst. Genauso ist es mit jeder anderen Tätigkeit.

Frage: Ist es dann wie Schlafwandeln?

Maharshi: Wie Schlafwandeln? Ja, durchaus. Ein tief schlafendes Kind, das von der Mutter gefüttert wird, nimmt die Nahrung ebenso zu sich, als wenn es völlig wach wäre. Am nächsten Morgen aber sagt es zur Mutter: »Mutter, ich habe gestern Abend nichts gegessen.« Die Mutter und alle anderen wissen genau, dass das Kind gegessen hat, trotzdem aber behauptet das Kind das Gegenteil. Es war sich dessen nicht bewusst, und doch war die Handlung geschehen.

Ein Reisender in einem Wagen ist eingeschlafen. Während der Reise gehen die Zugtiere weiter, mal stehen sie still oder sie werden losgebunden. Er weiß nichts von den Vorgängen, die während der Fahrt geschehen, doch befindet er sich bei seinem Erwachen an einem anderen Ort. Der Reisende war sich all dieser Ereignisse während der Fahrt nicht bewusst, und doch wurde die Reise beendet. Ebenso ist es mit dem Selbst eines Menschen. Das ewig wache Selbst ist mit dem im Wagen schlafenden Reisenden vergleichbar. Der normale Wachzustand ist die Bewegung der Zugtiere, *Samadhi* ist ihr Stillstehen (denn *Samadhi* bedeutet *Jagrat-Sushupti*, das heißt, der Mensch ist sich seiner bewusst, aber an der Handlung nicht beteiligt; die Zugtiere sind vom Joch befreit, bewegen sich aber nicht). Der Schlaf ist die Befreiung der Tiere vom Joch, denn er bedeutet vollständige Einstellung der Tätigkeit, was dem Ausspannen der Zugtiere entspricht.

Du kannst aber auch das Beispiel eines Kinos nehmen: Bei einer Kinovorführung werden auf die Leinwand Szenen projiziert, ohne dass die vorbeiziehenden Bilder auf die Leinwand einwirken oder sie verändern. Der Zuschauer schenkt seine Aufmerksamkeit den Bildern und nicht der Leinwand, obwohl die Bilder ohne die Leinwand nicht sein könnten. Dennoch beachtet er sie nicht. So ist auch das Selbst die Leinwand, auf der die Bilder, d.h. die Tätigkeiten und Geschehnisse, an deinem Blick vorbeiziehen. Du siehst nur die Ereignisse und vergisst darüber die Leinwand, die für das Erscheinen der Bilder so unumgänglich notwendig ist. Trotzdem ist die Welt der Erscheinungen vom Selbst nicht getrennt. Die Abläufe werden stattfinden, ob du die Leinwand siehst oder nicht.

Frage: Im Kino gibt es aber jemanden, der den Film vorführt, oder?

Maharshi: Die Vorführung geschieht mit leblosen Dingen. Der Scheinwerfer, die Bilder, die Leinwand usw. sind leblos, deshalb bedarf es eines Vorführers, eines Lebewesens, das sich ihrer bedient. Andererseits ist das Selbst absolutes Bewusstsein und genügt sich daher selbst. Es kann kein Vermittler existieren, der vom Selbst getrennt wäre.

Frage: Ich verwechsle nicht den Körper mit dem Vorführer; vielmehr beziehe ich mich auf Krishnas *Worte im 61. Vers, Kap. XVIII der* Gita*: »Gott wohnt im Herzen aller Wesen, oh Arjuna. Durch Seine täuschende Macht (*Maya*) lässt Er alle Wesen kreisen wie mechanische Figuren (auf einer Puppenbühne).«*

Maharshi: Der Körper als solcher ist empfindungslos (*jada*) und bedarf des empfindenden Subjekts. Die Körperfunktionen, die eines handelnden Subjekts bedürfen, bekommen ihre Impulse vom Geist. Weil die Menschen sich für individuelle Seelen (*Jivas*) halten, hat *Krishna* gesagt, dass Gott im Herzen als Lenker der *Jivas* wohne. In Wahrheit gibt es weder *Jivas*, noch gibt es gleichsam außerhalb von ihnen einen Lenker. Das Selbst beinhaltet alles. Es ist die Leinwand, die Bilder, der Zuschauer, die Schauspieler, der Vorführer, das Licht, das Kino und alles Übrige. Wenn du das Selbst mit dem Körper verwechselst und dir einbildest, der Handelnde zu sein, dann ist das genauso, als wenn sich der Zuschauer bei einer Filmvorführung für einen der Schauspieler hält. *Stell dir den Schauspieler vor, der verlangt, er möchte eine Szene ohne die Leinwand spielen!* Genauso aber denkt ein Mensch, der seine Handlungen getrennt vom Selbst sieht.

Frage: Andererseits ist es so, als wollte man vom Zuschauer verlangen, im Film mitzuwirken. Wir müssen also Wachsein während des Schlafens lernen!

Maharshi: Alle Handlungen und Zustände können aus verschiedenen Perspektiven erfahren werden. Die Krähe, der Elefant und die Schlange gebrauchen jeweils *einen* Teil des Körpers für zwei verschiedene Zwecke. Die Krähe blickt mit je einem Auge nach beiden Seiten; dem Elefanten dient sein Rüssel ebenso zum Greifen wie zum Riechen, und die Schlange kann mit ihren Augen ebenso gut sehen wie hören. Ob du nun sagst, »die Krähe hat ein Auge«, oder »sie hat Augen«, ob du den Rüssel des Elefanten seine »Hand« oder »Nase« oder die Augen der Schlange ihre »Ohren« nennst, ist einerlei, denn es bedeutet ganz das Gleiche. Ebenso sind das Wachsein im Schlaf, der Schlaf im Wachsein, der Traumschlaf oder das Träumen während des Wachseins für den *Jñani (den erleuchteten Weisen)* alle praktisch gleich.

Frage: Aber wir haben es mit einem physischen Körper in einer physisch wachen Welt zu tun! Wenn wir während der Arbeit schliefen oder während des Schlafes zu arbeiten versuchten, würde die Arbeit nicht gelingen.

Maharshi: Schlaf ist nicht Unwissenheit, er ist der reine Zustand des Menschen; Wachsein ist nicht Wissen, sondern Unwissenheit. Es gibt vollkommenes Gewahrsein im Schlaf und vollständige Unwissenheit im Wachen. Deine wahre Natur umfasst beides und geht darüber hinaus. Das Selbst ist jenseits von Erkenntnis und Unwissenheit. Die Zustände Schlafen, Träumen und Wachen sind bloß Erscheinungsformen, die am Selbst vorüberziehen; sie kommen und gehen, ob du ihrer gewahr bist oder nicht. So ist der Zustand des *Jñanis*, in dem *Samadhi*, Wachsein, Traum und Tiefschlaf vorüberziehen wie die Zugtiere, die sich vorwärts bewegen, Halt machen oder losgebunden werden, während der Reisende schläft. Deine Einwände entsprechen dem Gesichtspunkt des Unwissenden (*Ajñani*); ein anderer als dieser könnte solche Fragen nicht stellen.

Frage: Dem Selbst können sie selbstverständlich nicht einfallen. Dort ist keiner mehr, der fragen könnte. Ich habe aber unglücklicherweise das Selbst noch nicht verwirklicht!

Maharshi: Diese Vorstellung ist gerade das Hindernis auf deinem Weg. Du musst den Gedanken loswerden, dass du ein Unwissender bist und das Selbst noch verwirklichen musst. Du *bist* das Selbst. Gab es jemals eine Zeit, wo dir dieses Selbst nicht bewusst war?

Frage: Sollen wir uns also im Wachschlaf üben … oder in Tagträumerei?

Maharshi: (lacht).

Frage: Meiner Meinung nach wird der physische Körper des Menschen, wenn er infolge seiner ununterbrochenen Meditation über das Selbst in Samadhi *eingegangen ist, bewegungslos. Er kann sowohl aktiv als auch nicht aktiv sein. Weder wird der Geist in dieser Versenkung von den Aktivitäten des Körpers oder der Sinne berührt, noch muss eine Störung des Geistes notwendigerweise zu physischer Aktivität führen. Andere dagegen behaupten, dass körperliche Tätigkeit* Samadhi *oder die ununterbrochene Kontemplation verhindere. Was meint Bhagavan? Du bist doch der lebende Beweis für* meine *Ansicht.*

Maharshi: Ihr habt beide Recht. Du meinst *Sahaja Nirvikalpa Samadhi,* und die anderen meinen *Kevala Nirvikalpa Samadhi.* Im letzteren Fall sind Geist und Gemüt im Licht des Selbst versunken (während sie im Tiefschlaf in der Dunkelheit der Unwissenheit liegen), und der Erfahrende unterscheidet zwischen *Samadhi* und der Aktivität nach dem Erwachen aus *Samadhi.* Die Tätigkeiten des Körpers, des Sehens, der Lebenskräfte, der Geistes- und Gemütskräfte sowie gegenständliches Erkennen sind Hindernisse für denjenigen, der *Kevala Nirvikalpa Samadhi* verwirklichen will.

In *Sahaja Nirvikalpa Samadhi* jedoch lösen sich Geist und Gemüt im Selbst auf und verlieren sich darin. Die zuvor erwähnten Unterschiede und Hindernisse bestehen hier daher nicht. Mit den Handlungen eines solchen Wesens verhält es sich so, wie wenn ein schlaftrunkenes Kind Nahrung bekommt; die Zuschauer sehen wohl, dass es isst, das Kind selbst aber weiß nichts davon. Dem im Wagen schlafenden Reisenden werden die Bewegungen des Wagens nicht bewusst, weil sein Geist und Gemüt von Dunkelheit eingehüllt sind. Doch der *Sahaja Jñani* bleibt unberührt von seinen körperlichen Aktivitäten, da sein Geist in der Seligkeit des Selbst (*Chidananda*) aufgelöst wurde und erstorben ist.

Der Unterschied, den *Shri Bhagavan* zwischen Schlaf, *Kevala Nirvikalpa Samadhi* und *Sajaha Nirvikalpa Samadhi* aufzeigt, lässt sich deutlich in diesem Diagramm darstellen:

Schlaf	*Kevala Nirvikalpa Samadhi*	*Sahaja Nirvikalpa Samadhi*
	Geist und Gemüt sind:	
1. lebendig	1. lebendig	1. erstorben
2. in Vergessen versunken	2. in Licht getaucht	2. im Selbst aufgelöst
	3. gleich dem Eimer, der an einem Seil im Brunnenwasser hängt	3. gleich dem Fluss, der sich in den Ozean ergossen und seine Identität verloren hat
	4. gleich dem Eimer, der mit dem andern Ende des Seils wieder heraufgezogen wird	4. (Ein Fluss kann nicht wieder aus dem Ozean herausgeholt werden.)

Geist und Gemüt des Erleuchteten, der das Selbst verwirklicht hat, sind vollständig vernichtet und erstorben. Für den Betrachter scheint der Erleuchtete ebenso wie der gewöhnliche Mensch einen denkenden Geist zu besitzen; doch hat das »Ich« des Erleuchteten nur scheinbar eine »objektive Wirklichkeit« – in Wahrheit besitzt es weder ein subjektives Dasein noch eine objektive Wirklichkeit.

2

Schweigen und Einsamkeit

Frage: Ist das Gelübde des Schweigens notwendig, um das höchste spirituelle Ziel zu erreichen?

Maharshi: Inneres Schweigen ist völlige Hingabe seiner selbst. Das heißt: Leben ohne das Gefühl eines Ich.

Frage: Sollte ein Sannyasi *(Mönch) in Einsamkeit leben?*

Maharshi: Einsamkeit ist im Geist eines Menschen. Man kann mitten im Trubel der Welt stehen und trotzdem vollkommene Geistes- und Gemütsruhe bewahren; ein solcher Mensch ist stets in der Einsamkeit. Ein anderer mag in der Natur leben und dennoch außerstande sein, seinen Geist unter Kontrolle zu haben. Von ihm kann man nicht sagen, er lebe in Einsamkeit. Einsamkeit ist eine innere Haltung. Ein Mensch, der an irdischen Dingen hängt, kann niemals einsam sein, wo er sich auch befinden mag. Ein losgelöster Mensch ist immer in Einsamkeit.

Frage: Was ist Mauna *(Schweigen)*?

Maharshi: Der Zustand jenseits aller Gedanken und Worte ist *Mauna*; es ist Meditation ohne jede Aktivität des Geistes. Das

Transzendieren des denkenden Geistes ist Meditation, und tiefe Meditation ist unaufhörlich mitteilsam. Stille »spricht« ohne Unterlass. Sie ist ein beständiger Strom der »Sprache«, der durch Reden unterbrochen wird, denn Worte hindern diese »stumme« Sprache. Vorträge können die Zuhörer stundenlang unterhalten, ohne sie zu bessern. Stille hingegen ist etwas Bleibendes und ein Segen für die ganze Menschheit. »Schweigen« bedeutet »Beredsamkeit«. Niemals können mündliche Vorträge so beredt sein wie Schweigen. Schweigen ist unaufhörliche Beredsamkeit und die beste Sprache.

Es gibt einen Zustand, in dem alle Worte verstummen und nur noch das Schweigen herrscht.

Frage: Auf welche Weise aber können wir dann unsere Gedanken einander mitteilen?

Maharshi: Das ist nur notwendig, wenn das Gefühl der Zweiheit besteht.

Frage: Weshalb reist Bhagavan nicht herum und predigt allen Menschen die Wahrheit?

Maharshi: Woher weißt du, dass ich es nicht tue? Besteht das Predigen darin, dass man eine Rednertribüne besteigt und flammende Reden vor dem Volk hält? Predigen ist einfach Mitteilung von Erkenntnis; das kann in Wirklichkeit nur in Stille geschehen. Was ist mit einem Menschen, der eine Stunde lang einer Predigt zuhört und dann weggeht, ohne von ihr so getroffen zu sein, dass er sein Leben ändert? Vergleiche ihn mit einem anderen, der in der Gegenwart eines Heiligen sitzt und nach einiger Zeit mit einer völlig veränderten Einstellung zum Leben fortgeht. Was ist besser: laut zu predigen ohne Wirkung oder still zu sitzen und innere Kraft auszustrahlen?

Wie entsteht Sprechen? Aus dem ungeformten Bewusstsein erhebt sich das Ego; dieses lässt das Denken entstehen und Denken das gesprochene Wort. Folglich ist das Wort sozusagen »der Urenkel« der ursprünglichen Quelle. Wenn schon das Wort eine Wirkung hervorbringen kann, so urteile selbst, um wie viel mächtiger die Botschaft der Stille sein muss! Aber die Menschen verstehen diese einfache, unverhüllte Wahrheit nicht, diese Wahrheit ihres Alltags, die immer gegenwärtig und eine ewige Erfahrung ist. Es ist die Wahrheit des Selbst. Ist irgendjemand nicht seiner selbst bewusst? Die Menschen wollen von dieser Wahrheit jedoch nichts hören und sind nur begierig zu wissen, was jenseits ist, sei es Himmel, Hölle oder Reinkarnation. Weil sie Geheimnisse der Wahrheit vorziehen, kommen ihnen die Religionen entgegen, bis sie irgendwann den Weg zum Selbst finden. Welchen Weg du auch einschlägst, letztlich musst du zum Selbst zurückkommen. Warum willst du also nicht gleich, hier und jetzt, beim Selbst bleiben? Um andere Welten zu schauen oder über sie zu spekulieren, bedarf es des Selbst. Diese Welten existieren nicht getrennt vom Selbst. Auch was der unwissende Mensch sieht, wenn er die Objekte wahrnimmt, ist letztlich nichts anderes als das Selbst.

3
Die Herrschaft über den Geist

Frage: Wie kann ich den denkenden Geist unter Kontrolle bringen?

Maharshi: Wenn das Selbst erkannt ist, existiert kein denkender Geist mehr, der unter Kontrolle zu bringen wäre. Wenn Geist und Gemüt nicht mehr sind, bricht das strahlende Selbst hervor. In dem Menschen, der das Selbst verwirklicht hat, lebt nichts anderes als nur das Selbst, und es berührt ihn nicht, ob Geist und Gemüt sich regen oder still sind. Denn Denken, Empfinden, Körper und Welt sind ja nicht vom Selbst getrennt, sie können ohne das Selbst nicht sein. Sind sie überhaupt etwas anderes als das Selbst? Wenn man sich des Selbst bewusst ist, warum sollte man sich über diese Schatten Sorgen machen? Wie sollten sie das Selbst jemals beeinträchtigen?

Frage: Wenn Geist und Gemüt bloß Schatten sind, auf welche Weise kann man dann das Selbst erkennen?

Maharshi: Das Selbst ist das spirituelle Herz, das aus sich selbst heraus leuchtet. Erleuchtung steigt aus dem spirituellen Herzen auf und erreicht das Gehirn, das der Sitz des denkenden Geistes ist, durch den wir die Welt wahrnehmen. Du siehst also die Welt durch das reflektierte Licht des Selbst. Die Wahrnehmung der Welt ist ein Vorgang des denkenden Geistes. Der [vom Licht des Selbst] erhellte Geist ist sich der Welt bewusst; ohne dieses Licht nimmt er sie nicht wahr.

Wird der Geist nach innen, zur Quelle der Erleuchtung, gewendet, hört alles gegenständliche Erkennen auf und einzig das Selbst erstrahlt als das spirituelle Herz.

Der Mond scheint, indem er das Licht der Sonne reflektiert. Wenn die Sonne untergegangen ist, wird der Mond zum Erkennen der Dinge nützlich, doch sobald die Sonne aufgeht, wird er überflüssig, auch wenn er noch sichtbar am Himmel steht. Ebenso ist es mit dem denkenden Geist und dem spirituellen Herzen. Der Geist nützt uns durch sein reflektiertes Licht, in dem wir die Dinge wahrnehmen. Wird er jedoch nach innen gewendet, so versinkt er in der aus sich selbst strahlenden Quelle der Erleuchtung und hat dann nicht mehr Bedeutung als der Mond während des Tages.

In der Dunkelheit ist das Licht einer Lampe notwendig. Aber wenn die Sonne aufgegangen ist, brauchst du sie nicht länger, denn im Licht ihrer Strahlen werden alle Dinge sichtbar. Um die Sonne selbst zu sehen, brauchst du gar keine Lampe, es genügt, wenn du die Augen zur Sonne erhebst, die aus sich selbst heraus leuchtet. Ähnlich ist es mit dem denkenden Geist: Es bedarf seines reflektierten Lichtes, um die Objekte zu sehen. Doch um das spirituelle Herz wahrzunehmen, brauchst du ihm bloß deinen Geist zuzuwenden. Dann wird der Geist überflüssig und das spirituelle Herz strahlt im eigenen Glanz.

Frage: Nachdem ich diesen Ashram *im Oktober verlassen hatte, empfand ich etwa zehn Tage lang, wie mich der tiefe Frieden, der in der Gegenwart Shri Bhagavans herrscht, umhüllte. Die ganze Zeit über, während ich mit meiner Arbeit beschäftigt war, fühlte ich unterschwellig diesen Frieden des Einsseins. Es glich beinahe diesem zweischichtigen Bewusstsein, das man manchmal im Halbschlaf bei einem langweiligen Vortrag hat. Nach und nach verschwand dieser Zustand gänzlich und die frühere Betäubung kehrte zurück. Die Arbeit lässt uns keine Zeit für zurückgezogene Meditation. Genügt es, wenn man sich ständig an das* »Ich Bin« *erinnert, während man arbeitet?*

Maharshi (nach einer kurzen Pause): Wenn du deine innere Kraft stärkst, wird dieser Friede immer bei dir sein. Entsprechend der inneren Stärke, die man durch wiederholte Übung gewinnt, wird der Friede unterschiedlich lange anhalten. Wenn du innerlich stark bist, bleibt dein Geist im Strom dieses Friedens. Ob du dann eine Arbeit ausführst oder nicht, ist ganz einerlei, der Strom dieses Friedens wird davon nicht berührt oder unterbrochen. Nicht die Arbeit selbst ist das Hindernis, sondern die Vorstellung, dass *du* derjenige bist, der sie tut.

Frage: Sollte ich eine bestimmte Meditation üben, um innerlich stärker zu werden?

Maharshi: Wenn du dich immer daran erinnerst, dass es nicht *deine* Arbeit ist, dann ist es nicht notwendig. Anfangs musst du dich allerdings bemühen, daran zu denken; später wird diese Haltung ganz natürlich und beständig sein. Die Arbeit wird von selbst geschehen, und dein Friede wird ungestört bleiben.

Meditation ist dein wahres Wesen. Du nennst es jetzt Meditation, weil es andere Gedanken gibt, die dich zerstreuen. Wenn diese Gedanken zurückgewiesen werden, bleibst du allein zurück, das heißt, du verweilst im gedankenfreien Zustand der Meditation. Das ist dein wahres Wesen, das du jetzt erreichen möchtest, indem du andere Gedanken abwehrst. Diese Zurückweisung der Gedanken nennst du jetzt Meditation. Aber wenn du diese Übung ganz verinnerlicht hast, so wird dein wirkliches Wesen als wahre Meditation offenbar werden.

Frage: Wenn ich zu meditieren versuche, drängen sich mir andere Gedanken viel heftiger auf als sonst.

Maharshi: Ja, bei der Meditation kommen alle möglichen Gedanken hoch. Das ist richtig so, denn alles, was in dir verborgen ist, kommt hoch – wenn es nicht hoch käme, wie könnte es sonst aufgelöst werden? Die Gedanken steigen sozusagen von selbst auf, um dann zur gegebenen Zeit ausgelöscht zu werden. Dadurch wächst deine innere Kraft.

Frage: Es gibt Zeiten, in denen Personen und Dinge eine unbestimmte, beinahe durchsichtige Gestalt annehmen, wie in einem Traum. Man nimmt sie nicht mehr außerhalb von sich wahr, sondern ist sich ihrer Existenz passiv bewusst, ohne dass das Ich-Gefühl aktiv ist. Im Inneren herrscht zu solchen Zeiten eine tiefe Stille. Ist das die geeignete Verfassung, in das Selbst einzutauchen, oder ist sie ungesund und das Ergebnis einer Selbsthypnose? Soll man diesen Zustand, der einen zeitweiligen Frieden mit sich bringt, vertiefen?

Maharshi: In diesem Zustand existiert sowohl Bewusstsein als auch Stille, und genau das ist das Ziel. Die Tatsache, dass du eine Frage zu diesem Punkt stellst und nicht erfasst hast, dass dies das Selbst ist, beweist, dass der Zustand bei dir nicht beständig ist, sondern nur gelegentlich eintritt.

Das Wort »Eintauchen« ist dann am Platz, wenn dein Geist nach außen strebt und du ihn daher lenken und nach innen wenden musst. Wenn aber Stille herrscht, die das Bewusstsein nicht behindert, warum solltest du dann in etwas eintauchen? Solange du diesen Zustand nicht als das Selbst erkannt hast, kannst du deine Bemühungen darum wohl als ein »Eintauchen« bezeichnen, und in dem Sinne kann man sagen, dass dieser Zustand die geeignete Verfassung ist, um in das Selbst zu tauchen oder es zu verwirklichen.

Im Bewusstsein des Selbst können sich deine beiden letzten Fragen insofern gar nicht erheben.

Frage: Ich habe eine große Vorliebe für Kinder, vielleicht deshalb, weil ein Kind oft als Symbol für einen Idealzustand gilt. Wie kann ich über diese Vorliebe hinauswachsen?

Maharshi: Halte dich an das Selbst. Warum denkst du an Kinder und an deine Reaktionen ihnen gegenüber?

Frage: Dieser dritte Besuch in Tiruvannamalai *scheint das Gefühl des Egoismus in mir verstärkt und meine Meditation erschwert zu haben. Ist dies eine unwichtige, vorübergehende Phase oder ein Zeichen dafür, dass ich in der Zukunft solche Orte meiden sollte?*

Maharshi: Es ist eine Einbildung. Dieser und jeder andere Ort ist in dir. Du solltest aufhören, dir so etwas einzubilden, denn Orte als solche haben nichts mit der Aktivität des Geistes zu tun. Außerdem sind Umgebungen nicht bloß eine Sache deiner persönlichen Wahl. Sie sind da als Gegebenheiten, die sich von selbst verstehen, und du solltest dich über sie erheben und dich nicht von ihnen beeinflussen lassen.

(Ein Junge von achteinhalb Jahren saß um fünf Uhr abends in der Halle, als Shri Bhagavan zum Berg hochgegangen war. Während seiner Abwesenheit sprach der Junge in reinem, sowohl einfachem als auch gewähltem Tamil über *Yoga* und *Vedanta* und zitierte aus dem Gedächtnis Aussprüche von Heiligen und aus den heiligen Schriften. Als Shri Bhagavan nach ungefähr einer Dreiviertelstunde die Halle betrat, herrschte vollkommene Stille. Während der zwanzig Minuten, die der Junge in Shri Bhagavans Gegenwart saß, sprach er kein Wort, sondern blickte nur unverwandt auf ihn. Dann kamen Tränen aus seinen Augen. Er wischte sie mit der linken Hand weg und ging bald darauf mit den Worten fort, er warte noch auf die Selbstverwirklichung.)

Frage: Wie lassen sich die ungewöhnlichen Wesenszüge dieses Jungen erklären?

Maharshi: Die Wesenszüge seines letzten Lebens machen sich stark in ihm bemerkbar, doch offenbaren sie sich nur, wenn sein Geist still und ruhig ist. Dies erfahren alle, dass es manchmal nicht möglich ist, sich etwas ins Gedächtnis zurückzurufen, während es – wenn der Geist ruhig und still ist – plötzlich auftaucht.

Frage: Wie kann ich meinen rebellischen Geist beruhigen?

Maharshi: Entweder musst du seine Quelle ergründen, so dass er verschwindet, oder du musst dich selbst hingeben, so dass er überwältigt wird. Selbsthingabe ist dasselbe wie Selbsterkenntnis, und beide schließen Selbstmeisterung ein. Das Ego unterwirft sich nur, wenn es die höhere Macht erkennt.

Frage: Wie kann ich aus Samsara *(dem Reich der Erscheinungen) herauskommen, das die wahre Ursache der geistigen Rastlosigkeit zu sein scheint? Ist nicht Entsagung ein wirksames Mittel, durch das ich innere Stille erreichen kann?*

Maharshi: *Samsara* (die Welt der Erscheinungen) ist nur in deinem Geist. Die Welt stellt sich nicht laut redend vor dich hin und sagt: »Hier bin ich, die Welt.« Täte sie das, so wäre sie immer vorhanden, und du würdest ihre Gegenwart sogar im Schlaf empfinden. Da sie aber im Schlaf nicht vorhanden ist, ist sie unbeständig. Weil sie aber unbeständig ist, fehlt es ihr an Substanz, und da sie – gesondert vom Selbst – unwirklich ist, kann das Selbst ihr leicht ihre Macht nehmen. Nur das Selbst allein ist beständig. *Die strenge Trennung des Selbst vom Nicht-Selbst ist Entsagung.* Wenn die Unwissenheit, die das Selbst mit dem Nicht-Selbst identifiziert, entfernt wird, hört das Nicht-Selbst zu existieren auf – das ist die wahre Entsagung.

Frage: Können wir nicht auch ohne solche Entsagung unangehaftet handeln?

Maharshi: Nur ein *Atma-Jñani* (jemand, der das Selbst erkannt hat) kann ein guter *Karma-Yogi* sein (d.h. unangehaftet tätig sein).

Frage: Lehnt Bhagavan die Dvaita-*Philosophie*[5] *ab?*

Maharshi: *Dvaita* kann nur dann bestehen, wenn du das Selbst mit dem Nicht-Selbst identifizierst. *Advaita* ist Nichtidentifizierung.

[5] Dvaita = Zweiheit

4

Bhakti und Jñana

Frage: Das Shrimad Bhagavatam *beschreibt einen Weg, um Krishna im »Herzen« zu finden, indem man Ehrerbietung vor allem empfindet und alles als Gott sieht. Ist dies der richtige Weg zur Selbstverwirklichung? Ist es nicht leichter, in allem, was dem Geist begegnet, Bhagavan zu verehren, als das Supramentale durch die geistige Erforschung »Wer bin ich?« zu suchen?*

Maharshi: Wenn du Gott in allem siehst, denkst du an Gott oder nicht? Du musst sicherlich an Gott denken, um Gott in allem zu sehen, was dich umgibt. Gott im Bewusstsein zu tragen, wird zu *Dhyana* (Meditation), und *Dhyana* ist der Zustand vor der Verwirklichung. Verwirklichung kann nur im Selbst und durch das Selbst geschehen; sie kann nie vom Selbst getrennt sein, und *Dhyana* muss ihr vorausgehen. Ob du nun *Dhyana* über Gott oder über das Selbst ausführst, ist unwesentlich, denn das Ziel ist das Gleiche. Du kannst dem Selbst einfach nicht entkommen. Du möchtest Gott in allem sehen, nur nicht in dir? Wenn Gott *alles* ist, schließt das auch dich ein. Und wenn du selbst Gott bist, ist es dann ein Wunder, dass *alles* Gott ist? Diese Methode haben das *Shrimad Bhagavatam* und auch andere Weise empfohlen. Aber auch für diese Übung muss es einen Seher oder Denker geben. Wer ist er?

Frage: Wie können wir Gott sehen, der alldurchdringend ist?

Maharshi: Gott sehen ist Gott *sein*. Es gibt kein All, das getrennt von Gott wäre und das Er zu durchdringen hätte. Er allein *ist*.

Frage: Sollen wir ab und zu die Bhagavad Gita *lesen?*

Maharshi: Jederzeit.

Frage: Was ist die Beziehung zwischen Jñana *(Erkenntnis) und* Bhakti *(liebender Hingabe)?*

Maharshi: Der ewige, ununterbrochene, natürliche Zustand des Verweilens im Selbst ist *Jñana*. Um im Selbst zu verweilen, musst du das Selbst lieben. Da Gott in Wahrheit das Selbst ist, ist die Liebe zum Selbst die Liebe zu Gott; das ist *Bhakti*. *Jñana* und *Bhakti* bedeuten demnach ein und dasselbe.

Frage: Wenn ich eine Stunde oder länger Nama-Japa *(die Wiederholung heiliger Namen) übe, falle ich in einen schlafähnlichen Zustand. Wenn ich aufwache, rufe ich mir wieder ins Gedächtnis zurück, dass mein* Japa *unterbrochen wurde und beginne von neuem.*

Maharshi: »Schlafähnlich«, das ist der richtige Ausdruck. Er ist der natürliche Zustand. Weil du jetzt mit dem Ego verbunden bist, betrachtest du den natürlichen Zustand als etwas, das deine innere Arbeit unterbricht. Deshalb musst du die Erfahrung so lange wiederholen, bis du erkennst, dass es dein natürlicher Zustand ist. Du wirst dann *Japa* als etwas außerhalb deiner erkennen, das aber automatisch weiter vor sich gehen wird. Dein gegenwärtiger Zweifel rührt von jener falschen Identität her, nämlich, dass du dich mit dem Verstand identifizierst, der *Japa* ausführt. *Japa* bedeutet das Festhalten an einem einzigen Gedanken unter Ausschluss aller anderen Gedanken. Das ist sein Zweck. Es führt zu *Dhyana* (Meditation) und endet in der Selbstverwirklichung oder *Jñana*.

Frage: Wie soll ich Nama-Japa *ausführen?*

Maharshi: Man soll den Namen Gottes nicht mechanisch oder oberflächlich und ohne ein Gefühl der Hingabe gebrauchen. Wenn man den Namen Gottes wiederholt, sollte man voll Sehnsucht nach Ihm rufen und sich Ihm rückhaltlos hingeben. Erst nach einer solchen Ergebung wird der Name Gottes den Menschen immer begleiten.

*Frage: Worin besteht dann aber die Notwendigkeit zur Selbsterforschung (*Vichara*)?*

Maharshi: Die Hingabe kann nur dann wirksam sein, wenn du dir dabei vollkommen bewusst bist, was sie in Wahrheit bedeutet. Dieses Wissen wird dir nach der Erforschung und nach der gedanklichen Vertiefung zuteil, und es führt unweigerlich zur Hingabe deiner selbst. Es besteht kein Unterschied zwischen Weisheit *(Jñana)* und absoluter Hingabe an den Herrn in Gedanken, Worten und Taten. Der Devotee muss dem Herrn uneingeschränkt ergeben sein; er kann nicht mit Ihm feilschen oder Gunsterweise von seiner Hand fordern. So eine uneingeschränkte Selbsthingabe umfasst alles: Sie ist Weisheit (*Jñana*) und Entsagung (*Vairagya*), Hingabe und Liebe.

5 Selbst und Individualität

Frage: Löst nicht der Tod die Individualität einer Person auf, so dass keine Wiedergeburt mehr möglich ist, ebenso wie die Flüsse, die in den Ozean münden, ihre Besonderheit verlieren?

Maharshi: Aber wenn das Wasser verdunstet und als Regen auf die Berge zurückkehrt, dann fließt es von neuem in Form von Flüssen dahin und ergießt sich ins Meer. Ebenso verlieren auch die Individualitäten während des Schlafs ihr gesondertes Dasein und kehren aufgrund ihrer *Samskaras*, d.h. den angesammelten Eindrücken und Neigungen, dennoch als Individualitäten wieder. Dasselbe geschieht im Tod, und die Individualität einer Person, der solche Eindrücke und Neigungen anhaften, wird nicht aufgelöst.

Frage: Wie ist das möglich?

Maharshi: Sieh doch, wie ein Baum, dessen Äste abgeschnitten wurden, trotzdem weiterwächst. Er wird so lange wachsen, wie seine Wurzeln unbeschädigt sind. So werden auch die subtilen Eindrücke oder Neigungen des Menschen, die beim Tod bloß in das »Herz« versanken, deshalb aber nicht etwa zugrunde gingen, zur entsprechenden Zeit die Wiedergeburt verursachen. Das ist der Grund, weshalb die Individuen (*Jivas*) wiedergeboren werden.

Frage: Wie können die unzähligen Individuen und das grenzenlose Universum, dessen Dasein zu dem der Individuen in Wechselbeziehung steht, aus solchen subtilen, in das »Herz« gesunkenen Eindrücken entstehen?

Maharshi: Genauso, wie der große Banyanbaum[6] aus einem winzigen Samen emporwächst, entstehen die *Jivas* und das ganze Universum der Namen und Formen aus den feinen inneren Neigungen und Tendenzen (*Samskaras*).

Frage: Wie geht die Individualität aus dem Absoluten Selbst hervor, und wie kann sie wieder in das Selbst zurückkehren?

Maharshi: Wie ein Funke dem Feuer entspringt, entströmt Individualität dem Absoluten Selbst. Dieser Funke wird das Ego genannt. Bei dem Unwissenden (*Ajñani*) identifiziert sich das Ego im Augenblick seines Entstehens mit irgendeinem Objekt. Es kann ohne eine solche Verbindung mit Objekten nicht bestehen.

Diese Verbindung mit den Dingen beruht auf Nichtwissen (*Ajñana*), dessen Zerstörung das Ziel spirituellen Strebens ist. Wenn diese Neigung, sich mit den Dingen zu identifizieren, zerstört ist, wird das Ego rein und versinkt in seine Quelle. Die falsche Identifizierung mit deinem Körper ist *Dehatma-Buddhi*, d.h. die Vorstellung: »Ich-bin-der-Körper«. Erst wenn diese Identifikation aufhört, können positive Ergebnisse folgen.

[6] dessen herabhängende Zweige erneut Wurzel fassen und der sich so enorm ausbreitet

Frage: Wie kann ich diese falsche Identifizierung beseitigen?

Maharshi: Du existierst im traumlosen Tiefschlaf (*Sushupti*), ohne mit Körper und Verstand verbunden zu sein. Die Verbindung zu ihnen besteht nur in den beiden anderen Zuständen, nämlich im Träumen und im Wachen. Wenn du mit dem Körper eins wärest, könntest du im Tiefschlaf nicht frei vom Körper[-Bewusstsein] existieren. Du kannst dich wohl von dem trennen, was außerhalb von dir ist, jedoch niemals von dem, was mit dir eins ist; aus diesem Grunde können das Ego und der Körper niemals eine Einheit sein. Dies gilt es im Wachzustand zu verwirklichen. Man untersucht die drei Bewusstseinszustände, um zu dieser Erkenntnis zu gelangen.

Frage: Wie kann das Ego, das auf zwei Zustände beschränkt ist, versuchen, DAS zu erkennen, was alle drei Zustände in sich schließt?

Maharshi: Man kann das Ego in seiner Reinheit in den Zwischenräumen zwischen zwei Zuständen oder zwischen zwei Gedanken erleben. Das Ego gleicht der Raupe, die einen Halt erst dann verlässt, wenn sie einen andern erhascht hat. Das wahre Wesen des Ego kannst du in jenen Augenblicken erkennen, wo es keinen Kontakt mit Objekten oder Gedanken hat. Durch die Überzeugung, die du durch das Erforschen der drei Zustände des Wachens, Träumens und des traumlosen Tiefschlafs (*Jagrat, Svapna* und *Sushupti*) gewinnst, solltest du diesen Zwischenraum als die immer währende, unveränderliche Wirklichkeit, als dein wahres Wesen verwirklichen.

*Frage: Kann ich nicht im traumlosen Tiefschlaf (*Sushupti*) verweilen, solange es mir beliebt, und auch willentlich darin bleiben genauso wie im Wachzustand? Wie erlebt der Jñani diese drei Zustände?*

Maharshi: Der traumlose Tiefschlaf (*Sushupti*) besteht auch in deinem Wachzustand. Du bist sogar jetzt in Sushupti, und es geht darum, im Wachzustand bewusst in diesen Zustand einzugehen. Es gibt kein wirkliches Eingehen in ihn und Ausgehen aus ihm. Das Gewahrwerden des traumlosen Tiefschlafes im Wachzustand ist *Jagrat-Sushupti* und das ist *Samadhi* (das transzendentale Bewusstsein).

Der Unwissende (*Ajñani*) kann nicht lange im traumlosen Tiefschlaf verweilen, denn seine Natur treibt ihn bald wieder aus ihm heraus. Sein Ego ist nicht tot, es erhebt sich immer wieder aufs Neue. Der *Jñani* hingegen vernichtet das Ego an seiner Wurzel. Es *hat den Anschein*, als würde es sich zuweilen auch bei ihm erheben, verursacht durch *Prarabdha Karma*[7]. Das heißt, *Prarabdha* scheint für alle äußeren Zwecke das Ego des *Jñanis* ebenso zu stützen oder aufrechtzuhalten wie das des Unwissenden, und doch besteht zwischen beiden ein grundlegender Unterschied. Wenn nämlich das Ego des Unwissenden aufsteigt (in Wahrheit war es außer im Tiefschlaf niemals versunken), ist es sich seiner Quelle gänzlich unbewusst. Mit anderen Worten, der Unwissende ist sich weder im Träumen noch im Wachen seines *Sushupti-Zustandes* gewahr. Bei dem *Jñani* hingegen erhebt sich das Ego nur scheinbar, und er erfreut sich seiner ununterbrochenen transzendentalen Erfahrung, obwohl das Ego scheinbar aufsteigt und existiert; denn er hält seine Aufmerksamkeit (*Lakshya*) stets an der Quelle. Ein solches Ego ist unschädlich; es ist bloß wie das Überbleibsel eines verbrannten Seiles, mit dem du nichts mehr festbinden kannst, auch wenn es noch eine scheinbare Form behält. Wer seine Aufmerksamkeit ständig der Quelle zuwendet, des-

---

[7] das Karma, das in diesem Leben bereits begonnen hat, sich auszuwirken und dessen Dynamik selbst nach der Erleuchtung eine Weile braucht, um zum Stillstand zu kommen. Oft wird das Beispiel eines abgeschalteten Ventilators gebraucht, der sich – auch ohne Strom – noch eine Zeitlang weiterbewegt.

sen Ego löst sich in dieser Quelle auf wie eine Salzpuppe im Meer.

Frage: Was bedeutet die Kreuzigung?

Maharshi: Der Körper ist das Kreuz. Jesus, der Menschensohn, ist das Ego oder die Vorstellung: »Ich bin der Körper«. Wenn der Menschensohn an das Kreuz geschlagen wird, geht das Ego zugrunde, und was überlebt, ist das absolute Sein. Das ist die Auferstehung des glorreichen Selbst, des Christus – des Gottessohnes.

Frage: Wie wird aber die Kreuzigung gerechtfertigt? Ist das Töten nicht ein furchtbares Verbrechen?

Maharshi: Jedermann begeht Selbstmord. Der ewige, selige, natürliche Zustand wurde durch dieses Leben in Unwissenheit völlig bedeckt. Somit verdankt das gegenwärtige Leben seine Existenz nur dem Umstand, dass das ewige, wirkliche Dasein getötet wurde. Ist das nicht wirklich Selbstmord? Sorge dich also nicht um das Töten und dergleichen Dinge.

Frage: Shri Ramakrishna *sagt, dass* Nirvikalpa Samadhi *nicht länger als einundzwanzig Tage währen kann. Wer länger darin verweilt, stirbt. Verhält es sich tatsächlich so?*

Maharshi: Wenn das *Prarabdha Karma* erschöpft ist, hat sich das Ego vollständig aufgelöst, ohne irgendeine Spur zu hinterlassen. Das ist endgültige Befreiung (*Nirvana*). Ist jedoch noch irgendein Rest von *Prarabdha* vorhanden, wird sich das Ego wieder erheben, so wie es auch bei *Jivanmuktas* (Befreiten, die noch im Körper weilen) *scheinbar* geschieht.

6

Selbstverwirklichung

Frage: Wie kann ich das Selbst verwirklichen?

Maharshi: Verwirklichung kannst du nicht neu erlangen, denn sie ist bereits da. Befreie dich bloß von dem Gedanken: »Ich habe es nicht verwirklicht«; das allein ist notwendig.

Stille oder Friede ist Verwirklichung. Es gibt keinen Augenblick, in dem das Selbst nicht ist. Solange sich ein Zweifel oder das Gefühl, dass du es nicht verwirklicht hättest, in dir regt, musst du versuchen, dich von diesen Gedanken zu befreien. Sie entstehen, weil du das Selbst mit dem Nicht-Selbst überlagerst. Wenn das Nicht-Selbst verschwindet, bleibt das Selbst allein zurück. Um Raum zu schaffen, genügt es, das, was sich darin angesammelt hat, zu beseitigen; Raum wird nicht von anderswo herbeigeschafft!

*Frage: Wenn man das Selbst ohne die Vernichtung der subtilen Neigungen des Gemüts (*Vasana-Kshaya*) nicht verwirklichen kann, wie kann ich dann jenen Zustand verwirklichen, in dem alle Neigungen tatsächlich zerstört werden?*

Maharshi: Du *bist* jetzt in diesem Zustand!

Frage: Bedeutet das, dass durch das Festhalten am Selbst die Vasanas *zerstört werden, wann immer sie auftauchen?*

Maharshi: Sie werden von selbst zerstört werden, wenn du bleibst, was du bist.

Frage: Auf welche Weise kann ich das Selbst erreichen?

Maharshi: Das Selbst ist nicht etwas, das man erreichen kann. Wenn es erreichbar wäre, so würde das bedeuten, dass das Selbst nicht hier und jetzt gegenwärtig ist, sondern erst erlangt werden muss. Was neu erlangt wird, geht aber auch wieder verloren. Es wäre also unbeständig. Etwas Unbeständiges ist jedoch nicht wert, dass man nach ihm strebt. Deshalb sage ich, dass das Selbst nicht erreicht werden kann. Du *bist* das Selbst; du bist bereits DAS.

Du kennst deinen seligen Zustand nicht, weil die Unwissenheit unversehens einen Schleier über das reine Selbst zieht, das Seligkeit ist. Alle Bemühungen beziehen sich nur darauf, diesen Schleier der Unwissenheit zu beseitigen, der nichts ist als Unkenntnis: die falsche Identifizierung des Selbst mit dem Körper, dem Geist, dem Gemüt usw. Diese falsche Identifizierung muss aufhören, dann bleibt das Selbst allein übrig. Das Selbst ist also von *jedem* Menschen zu verwirklichen. Verwirklichung macht keinen Unterschied zwischen denen, die sie suchen. Gerade der Zweifel, ob du dein ewiges Selbst verwirklichen kannst, und der Gedanke: »Ich habe es nicht verwirklicht« sind die Hindernisse. Befreie dich von ihnen!

Frage: Worin liegt der Wert von Samadhi *und bleibt das Denken dabei bestehen?*

Maharshi: Die Wahrheit offenbart sich einzig und allein in *Samadhi*. Die Gedanken werfen einen Schleier über die Wirklichkeit, deshalb wird sie in keinem anderen Zustand außer in *Samadhi* erkannt.

In *Samadhi* gibt es keine Gedanken, sondern nur das eine Gefühl: »*Ich bin*.« Das reine »*Ich bin*« ist *Stille*.

Frage: Wie kann ich Samadhi *oder die Stille, die ich hier erlebe, wieder herbeiführen?*

Maharshi: Was du gegenwärtig erfährst, beruht auf dem Einfluss der Atmosphäre, in der du dich befindest. Kannst du es auch außerhalb dieser Atmosphäre haben? Deine Erfahrung ist noch sprunghaft. Solange sie nicht beständig ist, musst du spirituelle Übungen machen.

Frage: Man erfährt zuweilen das lebhafte Aufblitzen eines Bewusstseins, dessen Mittelpunkt außerhalb des normalen Ich liegt, und das alles zu umfassen scheint. Was würde Bhagavan mir raten – philosophische Konzepte mal außer Acht lassend –, um dieses seltene Aufleuchten zu erlangen, *es* festzuhalten *und* auszudehnen? *Muss ich mich zur Übung einer solchen Erfahrung (*Abhyasa*) in die Einsamkeit zurückziehen?*

Maharshi: *Außerhalb!* Für wen gibt es ein Innen und ein Außen? Diese beiden können nur so lange existieren, wie es ein Subjekt und ein Objekt gibt, und für wen sind diese beiden vorhanden? Wenn du ihnen nachforschst, wirst du erkennen, dass sie sich im Subjekt auflösen. Erkenne, wer das Subjekt ist; dein Forschen wird dich zum reinen Bewusstsein jenseits des Subjektes führen.

Das *normale Ich* ist der Geist, das Gemüt, das begrenzt ist, während das reine Bewusstsein keine Einschränkungen kennt. Du kannst es in der Weise ergründen, wie es zuvor beschrieben wurde.

Was *Erlangen* betrifft: Das Selbst ist immer vorhanden. Du brauchst nur den Schleier zu lüften, der das Offenbarwerden des Selbst verhindert.

Festhalten: Wenn du einmal das Selbst verwirklicht hast, wird es zu deiner direkten und unmittelbaren Erfahrung, die niemals wieder verloren geht.

Ausdehnen: Das Selbst kennt keine Ausdehnung, denn es ist seit jeher ohne Zusammenziehung oder Ausdehnung.

In die Einsamkeit zurückziehen: Im Selbst zu bleiben ist Einsamkeit, denn es gibt nichts außerhalb des Selbst. Sich zurückziehen heißt, von irgendeinem Ort zu einem anderen oder von einem Zustand in einen anderen gehen. Weder der eine noch der andere ist vom Selbst getrennt. Da *alles* das Selbst ist, ist ein Sichzurückziehen unmöglich und unvorstellbar.

Abhyasa (die spirituelle Übung) ist bloß ein Verhindern der Störung des innewohnenden Friedens. Du bist immer in deinem natürlichen Zustand, ob du nun *Abhyasa* ausführst oder nicht. Wenn du bleibst, wer du wirklich bist, ohne Frage oder Zweifel, bist du in deinem natürlichen Zustand.

Frage: Erlangt man nicht auch Siddhis *(außergewöhnliche psychische Kräfte), wenn man* Samadhi *verwirklicht?*

Maharshi: *Siddhis* zu zeigen, erfordert »Andere«, die sie wahrnehmen. Das bedeutet, dass der, der sie zeigt, keine Erkenntnis *(Jñana)* besitzt. Folglich sind Wunderkräfte keines Gedankens wert: *Jñana* allein soll angestrebt und erlangt werden.

Frage: Hilft meine Verwirklichung anderen?

Maharshi: Ja, und sie ist die beste Hilfe, die du anderen zuteil werden lassen kannst. Alle großen Wahrheiten wurden ihren Entdeckern in den stillen Tiefen des Selbst offenbar. Es gibt aber in Wirklichkeit keine »Anderen«, denen man helfen könnte, denn das verwirklichte Wesen sieht nur das Selbst, so wie der Goldschmied lediglich das Gold sieht, wenn er es in den verschiedenen aus Gold gefertigten Schmuckstücken abschätzt. Wenn du dich mit dem Körper identifizierst, sind Namen und Formen vorhanden; doch wenn du das Körper-Bewusstsein überschreitest, verschwinden zugleich auch die »Anderen«. Der Verwirklichte nimmt die Welt nicht verschieden von sich selbst wahr.

Frage: Wäre es nicht besser, wenn die Heiligen sich unter die anderen mischen würden?

Maharshi: Es gibt keine »Anderen«, unter die man sich mischen könnte. Das Selbst ist die einzige Wirklichkeit.

Frage: Sollte ich nicht versuchen, der leidenden Welt zu helfen?

Maharshi: Die Kraft, die dich geschaffen hat, hat auch die Welt geschaffen. Wenn sie für dich Sorge tragen kann, so kann sie ebenso gut auch für die Welt sorgen. Wenn Gott die Welt geschaffen hat, so ist es Seine Angelegenheit, nach ihr zu sehen, nicht deine!

Frage: Ist es nicht unsere Pflicht, Patrioten zu sein?

Maharshi: Deine Pflicht ist zu *sein*, aber nicht dieses oder jenes zu sein. »*Ich bin, was ich bin*« enthält die ganze Wahrheit. Die Methode lautet zusammengefasst: »Sei still!«

Und was bedeutet Still-Sein? Es bedeutet die Auslöschung deiner selbst, denn jeder Name und jede Form ist Ursache von Leid. »Ich-Ich« ist das Selbst. »Ich bin dies oder das« ist das Ego. Wenn das »Ich« allein verbleibt, ist es das Selbst. Trennt es sich plötzlich ab und sagt: »Ich bin dies oder jenes, ich bin so oder so«, ist es das Ego.

Frage: Wer ist dann Gott?

Maharshi: Gott ist das Selbst. »*Ich bin*« ist Gott. Wäre Gott vom Selbst getrennt, so würde er ein Gott ohne Selbst sein, und das ist absurd. Das Einzige, was zur Verwirklichung des Selbst notwendig ist, ist *Still-Sein*. Was könnte leichter als das sein? Deshalb ist *Atma-Vidya* (das Wissen vom Selbst) am leichtesten zu erreichen.

7 Der Guru und seine Gnade

Frage: Was ist die Gnade des Gurus (Guru-Kripa) *und wodurch führt sie zur Selbstverwirklichung?*

Maharshi: Der *Guru* ist das Selbst. Manchmal wird ein Mensch mit seinem Leben unzufrieden, und da ihm das, was er besitzt, nicht mehr genügt, sucht er nach Erfüllung seiner Wünsche, indem er zu Gott betet. Nach und nach läutert sich sein Inneres, bis er sich mehr nach Gotteserkenntnis und Seiner Gnade als nach der Erfüllung seiner irdischen Wünsche sehnt. Dann beginnt Gottes Gnade sich zu zeigen. Gott nimmt die Gestalt eines *Gurus* an und erscheint dem Suchenden, lehrt ihn die Wahrheit und reinigt zugleich sein Denken und Fühlen durch die Verbindung mit Ihm. Die geistige Kraft des Suchenden wächst und kann sich nun nach innen wenden. Durch Meditation wird sie noch mehr geläutert und bleibt still ohne die geringste Bewegung. Diese stille Weite ist das Selbst.

Der *Guru* ist sowohl »außen« als auch »innen«. Von »außen« veranlasst Er den Geist, sich nach innen zu wenden, von »innen« zieht Er ihn zum Selbst und verhilft ihm zum Frieden. Das ist die Gnade des *Gurus*. Es gibt keinen Unterschied zwischen Gott, dem *Guru* und dem Selbst.

Frage: Die Theosophen meditieren, um Meister zu finden, die sie führen sollen.

Maharshi: Der Meister ist im Innern; Meditation soll die unsinnige Vorstellung beseitigen, dass er nur außerhalb von uns zu finden ist. Wenn er ein Fremder wäre, den du erwartest, so müsste er auch wieder verschwinden. Worin läge der Nutzen eines solchen vergänglichen Wesens? Solange du allerdings glaubst, dass du getrennt (vom Selbst) oder der Körper bist, so lange wird auch der Meister »außen« nötig sein und sich dir so zeigen, als hätte Er einen Körper. Wenn deine falsche Identifizierung mit dem Körper aufhört, wirst du den Meister als das Selbst erkennen.

Frage: Wird uns der Guru *durch Initiation oder ein Ähnliches helfen, das Selbst zu erkennen?*

Maharshi: Hält dich der *Guru* an der Hand und flüstert dir ins Ohr? Du stellst dir vielleicht vor, er sei so wie du. Da du glaubst, du hättest einen Körper, nimmst du an, dass auch er einen Körper besitzt, mit dem er etwas Greifbares für dich tun kann. Doch seine Arbeit liegt im Innern, im spirituellen Bereich.

Frage: Wie kann ich den Guru *finden?*

Maharshi: Gott, der im Innern wohnt, hat in seiner Gnade Mitleid mit dem Suchenden, der Ihn liebt, und zeigt sich ihm in einer Weise, die der Entwicklung des Devotees entspricht. Der Devotee stellt sich Gott als Mensch vor und erwartet eine Beziehung wie zwischen zwei physischen Körpern. Aber der *Guru* – der in Wahrheit Gott oder das inkarnierte Selbst ist – arbeitet von innen, hilft dem Menschen, seine Irrtümer zu erkennen, und führt ihn auf den rechten Pfad, bis er das Selbst in sich verwirklicht.

Frage: Was sollte der Suchende dann tun?

Maharshi: Er braucht sich nur nach den Worten des Meisters zu richten und im Innern zu arbeiten. Der Meister ist sowohl »innen« als auch »außen«; so schafft er Umstände, die dich nach innen lenken, und macht zugleich dein »Inneres« bereit, um dich ins Zentrum zu ziehen. Er versetzt dir also einen Stoß von »außen« und übt gleichzeitig einen Zug von »innen« aus, um dich im Zentrum zu fixieren.

Du glaubst, die Welt durch deine eigenen Anstrengungen erobern zu können. Erst wenn du äußerlich enttäuscht und nach innen gelenkt wurdest, fühlst du, dass es eine höhere Macht gibt als den Menschen.

Das Ego ist wie ein gewaltiger Elefant, der von keinem schwächeren Tier als dem Löwen bezwungen werden kann; und der ist in diesem Falle der *Guru*, vor dessen Anblick das elefantenähnliche Ego erzittert und stirbt.

Du wirst zu gegebener Zeit erkennen, dass deine Herrlichkeit dort beginnt, wo dein persönliches Sein endet. Um diesen Zustand zu erreichen, musst du dich selbst hingeben. Dann sieht der Meister, dass du in der geeigneten inneren Verfassung bist, um Führung zu empfangen, und unterweist dich.

Frage: Wie kann das Schweigen des Gurus, der weder eine Einweihung erteilt noch sonst irgendeine greifbare Handlung vornimmt, mächtiger sein als sein Wort? Wieso ist dieses Schweigen förderlicher als das Studium der Heiligen Schriften?

Maharshi: Schweigen ist die mächtigste Form des Wirkens. Die Heiligen Schriften mögen noch so umfassend und eindringlich sein, dennoch ist ihre Wirkung nicht unfehlbar. Der *Guru* schweigt und Gnade verbreitet sich überall. Dieses Schweigen ist umfassender und nachdrücklicher als alle Heiligen Schriften zusammen.

Frage: Aber kann der Devotee Glückseligkeit erreichen?

Maharshi: Wenn sich der Devotee dem Meister hingibt, bedeutet das, dass er keine Spur von Individualität zurückbehält. In der vollkommenen Ergebung verliert sich das kleine Ich und somit kann es kein Leid und keinen Kummer mehr geben.

Das ewige Sein ist nichts anderes als Glückseligkeit. Das kommt wie eine Offenbarung über den Menschen.

Frage: Wie kann ich die Gnade erlangen?

Maharshi: Die Gnade ist das Selbst und folglich nicht »zu erlangen«. Du brauchst bloß zu wissen, dass sie existiert.

Die Sonne ist nur Helligkeit. Sie kennt keine Dunkelheit, und doch sprichst du von der Dunkelheit, die flieht, wenn die Sonne erscheint. So wie der Schatten der Finsternis bei Sonnenaufgang, so weicht die Unwissenheit des Suchenden beim Anblick des *Gurus*. Du bist vom Sonnenlicht umgeben und musst dich doch, wenn du die Sonne sehen willst, in ihre Richtung wenden und sie anblicken. Ebenso wirst du die Gnade finden, indem du dich ihr entsprechend zuwendest, auch wenn sie hier und jetzt gegenwärtig ist.

Frage: Kann die Gnade nicht das Reifen im Suchenden beschleunigen?

Maharshi: Überlasse alles dem Meister. Gib dich ihm rückhaltlos hin. Eins von den beiden Dingen musst du tun: Entweder dich ergeben, weil du deine Unfähigkeit erkennst und eine höhere Macht brauchst, die dir hilft, oder durch inneres Forschen die Ursache des Leids ergründen, in die Quelle eingehen und dich auf diese Weise im Selbst auflösen. Auf beiden Wegen wirst du vom Leiden frei werden. Gott oder der *Guru* verlässt niemals den Devotee, der sich ihm ergeben hat.

Frage: Was bedeutet die Niederwerfung vor Gott oder dem Guru*?*

Maharshi: Die Niederwerfung steht für die Abnahme des Ego und bedeutet das Verschmelzen mit der Quelle. Du kannst Gott oder den *Guru* aber nicht durch äußerliche Kniebeugen täuschen. Er sieht, ob das Ego noch da ist oder nicht.

*Frage: Will Bhagavan mir nicht etwas geweihte Speise (*Prasad*) von seinem Palmblatt als Zeichen seiner Gnade geben?*

Maharshi: Iss, ohne auf dein Ich bezogen zu sein. Dann wird, was immer du isst, Bhagavans *Prasad* werden.

Frage: Ist nicht ein gebildeter Mensch besser zur Erleuchtung geeignet, in dem Sinne, dass er die Gnade des Gurus *nicht nötig hat?*

Maharshi: Selbst ein Gelehrter muss sich vor dem ungelehrten Weisen neigen. Ungelehrtheit ist Unwissenheit, und Bildung ist gelehrte Unwissenheit. Beide kennen nicht das wahre Ziel. Die »Unwissenheit« des *Jñanis* ist anderer Art. Er ist »unwissend«, weil es für ihn keinen »Anderen« gibt.

Frage: Sind nicht die Geschenke, die man dem Guru darbringt, ein Mittel, um seine Gnade zu erlangen? Die Besucher bringen ja Bhagavan auch oft Geschenke dar.

Maharshi: Warum bringen sie mir Geschenke? Wünsche ich das etwa? Selbst wenn ich sie zurückweise, drängen sie sie mir auf. Weshalb? Sind sie nicht wie ein Köder, mit dem man den Fisch fangen will? Will der Angler etwa die Fische füttern? Nein, im Gegenteil, er will sie aufessen!

*Frage: Ist der theosophische Gedanke der stufenweisen Einweihungen vor der Erlangung der Befreiung (*Moksha*) richtig?*

Maharshi: Diejenigen, die *Moksha* in *einem* Leben erlangen, müssen in den vergangenen Leben schon durch alle Einweihungen hindurchgegangen sein.

Frage: Die Theosophie sagt, dass Jñanis *nach ihrem Tode die Wahl zwischen vier oder fünf Wirkungsfeldern haben, aber nicht notwendigerweise auf diesem Planeten?*

Maharshi: Einige von ihnen mögen wieder eine Aufgabe annehmen, aber nicht alle.

Frage: Weißt du von einer Bruderschaft unsichtbarer Rishis *(Seher)?*

Maharshi: Wie kann man sie sehen, wenn sie unsichtbar sind?

Frage: Im Bewusstsein.

Maharshi: Es gibt nichts außerhalb von Bewusstsein.

Frage: Kann ich sie erkennen?

Maharshi: Wenn du deine eigene Wirklichkeit erkennst, so wird dir diejenige der *Rishis* und der Meister klar werden. Es gibt nur einen Meister und das ist das Selbst.

Frage: Ist Wiedergeburt eine Tatsache?

Maharshi: Wiedergeburt gibt es nur so lange, wie es Nichterkenntnis gibt. In Wirklichkeit gibt es überhaupt keine Wiedergeburt, weder jetzt noch in der Vergangenheit oder in der Zukunft. Das ist die Wahrheit.

Frage: Kann ein Yogi seine vergangenen Leben erkennen?

Maharshi: Kennst du denn dein gegenwärtiges Leben, dass du das vergangene kennen möchtest? Entdecke erst mal die Gegenwart, dann wird Klarheit über alles Übrige folgen. Sogar mit deinem begrenzten gegenwärtigen Wissen leidest du so viel; warum willst du dich mit noch mehr Wissen belasten? Um noch mehr zu leiden?

Frage: Gebraucht Bhagavan okkulte Kräfte, um andere Menschen zur Selbstverwirklichung zu bringen? Oder ist die bloße Tatsache seiner Verwirklichung ausreichend?

Maharshi: Die spirituelle Kraft der Selbstverwirklichung ist unvergleichlich mächtiger als der Gebrauch aller okkulten Kräfte. Da im Weisen kein Ego ist, gibt es für ihn keine »Anderen«. Was ist der größte Segen, der dir zuteil werden kann? Es ist das Glück, und Glück entsteht aus Frieden. Friede aber kann nur dann herrschen, wenn es keine Störungen gibt, und alle Störungen werden von den Gedanken verursacht, die in deinem Geist aufsteigen. Nur in Abwesenheit des denkenden Geistes wird vollkommener Friede herrschen. Solange der denkende Geist eines Menschen nicht ausgelöscht ist, kann er keinen Frieden erlangen und glücklich sein. Und bevor er nicht selbst glücklich ist, kann er »Anderen« kein Glück schenken. Da jedoch für den Weisen, der frei vom denkenden Geist ist, keine »Anderen« existieren, genügt bereits die bloße Tatsache seiner Selbstverwirklichung, um »Andere« glücklich zu machen.

8 Friede und Glück

*Frage: Wie kann ich Frieden erlangen? Durch Selbsterforschung (*Vichara*) scheint es mir nicht zu gelingen.*

Maharshi: Friede ist dein natürlicher Zustand; dein Geist und dein Gemüt sind seine Widersacher. Du hast das Selbst nur im denkenden Geist zu ergründen versucht; erforsche nun, was der Geist ist, und du wirst erleben, dass er verschwindet. Getrennt vom Denken gibt es keinen Geist. Weil Gedanken aufsteigen, meinst du, es müsse etwas geben, aus dem sie kommen, und jenem vermeintlichen Etwas gibst du den Namen: Geist. Wenn du prüfst, um zu sehen, was er ist, wirst du erkennen, dass es ihn in Wirklichkeit gar nicht gibt. Wenn der »Geist« auf diese Weise verschwunden ist, verwirklichst du ewigen Frieden.

Frage: Durch Poesie, Musik, Japa *(Wiederholung heiliger Namen und Silben),* Bhajans *(Singen von Liedern der Hingabe), durch den Anblick schöner Landschaften, beim Lesen spiritueller Texte und ähnlichem erfährt man manchmal ein echtes Gefühl von allumfassender Einheit. Ist jene Empfindung von tiefer, seliger Ruhe, in der das persönliche Ich keinen Platz hat, derselbe Zustand, den*

Bhagavan »Versinken in das Herz« nennt? Kann mich die Übung darin zu tieferem Samadhi *und schließlich zu einer vollen Vision der Wirklichkeit führen?*

Maharshi: Wenn dir Dinge begegnen, die dem Geist angenehm sind, so empfindest du ein Glücksgefühl. Es ist das Glück, das dem Selbst innewohnt, und ein anderes Glück gibt es nicht. Und es ist nicht fremd und weit weg. Bei jenen Gelegenheiten, die du als angenehm empfindest, tauchst du in das Selbst ein. Dieses Eintauchen berührt jene Seligkeit, die aus sich selbst heraus immer besteht. Aber durch dein Denken assoziierst du jene Seligkeit mit anderen Dingen oder Ereignissen, während sie in Wirklichkeit nur in dir ist. Bei solchen Anlässen tauchst du wohl in das Selbst, aber unbewusst. Wenn es jedoch bewusst geschieht, einhergehend mit der Überzeugung, die aus der Erfahrung deiner Identität mit jenem Glück – dem Selbst, der einzigen Wirklichkeit – entspringt, nennt man es Verwirklichung. Ich möchte, dass du bewusst in das Selbst, d.h. in das »Herz« tauchst.

9 Selbsterforschung

Frage: Wie soll man das Selbst verwirklichen?

Maharshi: Wessen Selbst? Versuche das zu ergründen.

Frage: Ich spreche von meinem Selbst; aber wer bin ich?

Maharshi: Dahinter musst du selbst kommen.

Frage: Ich weiß nicht, wie ich das anstellen soll.

Maharshi: Überdenke die Frage. Wer ist der, der sagt: »Ich weiß nicht«? Wer ist nach deiner Ansicht das »Ich«, und was ist nicht erkannt?

Frage: Es ist jemand oder etwas in mir.

Maharshi: Wer ist dieser Jemand? Und in wem soll er sich befinden?

Frage: Es ist vielleicht eine Kraft.

Maharshi: Ergründe sie.

Frage: Warum wurde ich geboren?

Maharshi: Wer wurde geboren? Es gibt auf alle deine Fragen nur eine Antwort.

Frage: Wer bin ich also?

Maharshi (lächelnd): Bist du gekommen, um *mich* zu prüfen? *Du* musst sagen, wer du bist.

Frage: Egal wie sehr ich mich bemühe, ich bekomme das »Ich« anscheinend nicht zu fassen. Es ist nicht einmal klar erkennbar.

Maharshi: Wer ist es, der sagt, dass das »Ich« nicht erkennbar ist? Gibt es zwei »Ichs« in dir, von denen das eine das andere nicht erkennt?

Frage: Wäre es nicht besser, ich würde mir statt des Forschens: »Wer bin ich?« die Frage stellen: »Wer bist Du*?«, denn dann könnte sich mein Geist auf Dich richten, der Du für mich Gott in Gestalt des Gurus bist. Vielleicht käme ich durch diese Art der Fragestellung meinem Ziel näher.*

Maharshi: Wie immer du fragst, du musst doch zuletzt zu dem einen »Ich«, dem Selbst, kommen. Alle Unterschiede, die jemand zwischen Ich und Du, zwischen Meister und Schüler usw. macht, sind bloß ein Zeichen seiner Unwissenheit. Das Höchste Ich ist das Einzige, das in Wahrheit existiert. Wer anders denkt, hintergeht sich selbst.

Die Geschichte von dem Weisen *Ribhu* und seinem Schüler *Nidagha* aus den *Puranas* ist in dem Zusammenhang sehr lehrreich.

Ribhu hatte seinen Schüler die höchste Wahrheit von *Brahman*, dem Einen ohne ein Zweites, gelehrt. *Nidagha* war jedoch trotz seiner Gelehrsamkeit und seines Verständnisses innerlich noch nicht genügend überzeugt, um den Pfad der Erkenntnis (*Jñana*) einzuschlagen und ihm zu folgen, sondern er ließ sich in seiner Heimatstadt nieder, um dort ein Leben nach den Vorschriften der zeremoniellen Religion zu führen.

Der Weise liebte jedoch seinen Schüler ebenso tief, wie dieser seinen Meister verehrte. Trotz seines Alters wollte *Ribhu* selbst zu ihm in die Stadt gehen, nur um zu sehen, wie weit *Nidagha* inzwischen seinem Ritualismus entwachsen war. Manchmal verkleidete sich der Weise deshalb, um zu sehen, wie *Nidagha* wohl handeln mochte, wenn er sich nicht von seinem Meister beobachtet wusste.

Einmal hatte er sich als einfacher Bauer verkleidet und begegnete *Nidagha*, als dieser gerade aufmerksam eine königliche Prozession beobachtete. Unerkannt von dem Städter *Nidagha* fragte der Bauer, was das ganze Treiben denn bedeute, und bekam von *Nidagha* die Antwort, der König zöge in dieser Prozession vorüber.

»Oh, der König ist es! Er geht in der Prozession! Aber wo ist er?« fragte der Bauer.

»Dort, auf dem Elefanten«, sagte *Nidagha*.

»Du sagst, der König ist auf dem Elefanten. Ja, ich sehe die beiden«, sagte der Bauer, »aber wer ist der König und wer der Elefant?«

»Was!« rief *Nidagha* aus, »du siehst die beiden, aber du weißt nicht, dass der Mann oben der König und das Tier unten der Elefant ist? Was hat es für einen Sinn, mit einem Menschen wie dir zu sprechen?«

»Bitte sei nicht ungeduldig mit einem so unwissenden Menschen, wie ich es bin«, bat der Bauer. »Aber du sagtest ›oben‹ und ›unten‹ – was bedeutet das?«

Nidagha konnte sich nicht mehr beherrschen: »Du *siehst* den König und den Elefanten, den einen oben und den anderen unten, aber du willst wissen, was mit ›oben‹ und ›unten‹

gemeint ist?« rief er. »Wenn du weder das was du siehst, noch das was du hörst, begreifst, so können dich nur Taten belehren. Beug dich nach vorn, und du wirst es bald begreifen.«

Der Bauer tat, wie ihm geheißen wurde. *Nidagha* setzte sich auf seine Schultern und sagte: »Jetzt pass auf. Ich bin *oben*, wie der König, du bist *unten*, wie der Elefant. Ist das klar genug?«

»Nein, noch nicht«, antwortete der Bauer ganz ruhig. »Du sagst, du sitzt oben, wie der König, und ich bin unten, wie der Elefant. Der ›König‹, der ›Elefant‹, ›oben‹ und ›unten‹, diese Begriffe sind mir alle klar. Sag mir aber bitte, was meinst du mit ›Ich‹ und ›Du‹?«

Als *Nidagha* so plötzlich mit dem gewaltigen Problem konfrontiert war, ein »Du« in Unterschied zum »Ich« zu bestimmen, ging ihm ein Licht auf. Er sprang herab und fiel seinem Meister mit den Worten zu Füßen: »Wer außer meinem ehrwürdigen Meister *Ribhu* hätte meinen Geist so vom oberflächlichen Schein der körperlichen Welt zum wahren Wesen des Selbst richten können! Oh, gütiger Meister, ich bitte dich um Deinen Segen.«

Wenn es dein Ziel ist, hier und jetzt durch Selbsterforschung die Oberflächlichkeit des physischen Daseins zu überwinden, wo bleibt da noch der Spielraum, zwischen »Du« und »Ich« Unterschiede zu machen, die doch bloß die Körper betreffen? Wo ist denn das »Du« und wo das »Ich«, wenn du deinen Geist nach innen wendest, um die Quelle der Gedanken zu suchen?

Du sollst das allumfassende Selbst suchen und es *sein*!

Frage: Ist es nicht sonderbar, dass das »Ich« nach dem »Ich« forschen soll? Wird dadurch die Frage: »Wer bin ich?« am Ende nicht eine leere Formel? Oder soll ich diese Frage ununterbrochen an mich richten und sie wie ein Mantra *wiederholen?*

Maharshi: Das Forschen nach dem Selbst ist sicherlich keine leere Formel; es ist mehr als die Wiederholung irgendeines

Mantras. Wenn das Forschen: »Wer bin ich?« bloß eine mentale Frage wäre, hätte sie nicht viel Wert. Der eigentliche Zweck der Selbsterforschung ist, Denken und Fühlen zu ihrem Ursprung hinzulenken. Es geht also nicht darum, dass ein »Ich« nach einem anderen »Ich« forscht.

Das Forschen nach dem Selbst ist auch darum keine leere Formel, weil es eine intensive Aktivität des gesamten Geistes erfordert, um ihn gleichmäßig in reinem Selbst-Gewahrsein verweilen zu lassen.

Selbsterforschung ist das eine, unfehlbare und einzige direkte Mittel, um das unbedingte, absolute Sein, das du in Wahrheit bist, zu verwirklichen.

*Frage: Warum sollte nur Selbsterforschung als direkter Weg zur Erkenntnis (*Jñana*) gelten?*

Maharshi: Weil jede andere Art der »spirituellen Übung« (*Sadhana),* außer der Selbsterforschung *(Atma-Vichara)* das Beibehalten des denkenden Geistes als Instrument voraussetzt, das die spirituelle Übung ausführt. Ohne den denkenden Geist kann kein *Sadhana* geübt werden. Wenn das Ego auf den verschiedenen Stufen der Übung auch verschiedene und subtilere Formen annimmt, so ist es deshalb doch selbst niemals vernichtet.

»Nun habe ich den Dieb entdeckt, der mich total ruinierte. Er wird jetzt ganz und gar vernichtet werden!« rief König *Janaka* aus, und wies damit auf das Ego oder den Geist hin.

*Frage: Der Dieb kann aber durch die anderen spirituellen Übungen (*Sadhanas*) doch ebenso gefasst werden.*

Maharshi: Den Versuch, das Ego oder den Geist durch andere spirituelle Übungen (*Sadhanas*) als durch das Forschen nach dem Selbst auszurotten, kann man damit vergleichen, dass der

Dieb sich an einen Polizisten wendet, um den Dieb zu fangen, der er selbst ist. Nur das Ergründen des Selbst kann die Wahrheit offenbaren, dass weder das Ego noch der Geist in Wahrheit existieren, und den Übenden befähigen, die reine, ungeteilte Existenz des Selbst oder des Absoluten zu verwirklichen.

Nach der Verwirklichung des Selbst bleibt nichts mehr zu erkennen übrig, denn das Selbst ist vollkommene Seligkeit und Ganzheit an sich.

Frage: Ist es denn wirklich möglich, dass ich in diesem Leben voller Begrenzungen jemals die Seligkeit des Selbst verwirklichen kann?

Maharshi: Diese Seligkeit des Selbst ist immer bei dir, und du wirst sie finden, sobald du sie ernsthaft suchst. Die Ursache deines Leids liegt nicht im äußeren Leben; sie ist in dir in Form des Egos. Du begrenzt dich selbst und mühst dich dann vergeblich, diese Grenzen zu überschreiten. Alles Unglück rührt vom Ego her; mit ihm kommen all deine Probleme. Was nützt es dir, die Ereignisse des Lebens für dein Unglück verantwortlich zu machen, wenn der Grund doch allein in dir liegt? Welches Glück können dir Dinge bringen, die außerhalb deiner selbst liegen, und wie lange wird dieses Glück währen, selbst wenn du es erlangst?

Verleugne das Ego und verbrenne es, indem du es vollständig ignorierst, und du bist frei. Wenn du es als Tatsache annimmst, wird es Grenzen um dich herum vortäuschen und dich in einen sinnlosen Kampf stürzen, um wieder über sie hinauszugelangen. Das war die Weise, durch die der Dieb König *Janaka* »zugrunde richten« wollte.

Das Selbst zu *sein*, das du in Wahrheit bist, ist das einzige Mittel, um jene Seligkeit zu verwirklichen, die stets dein Wesen ist.

Frage: Da ich aber die Wahrheit, dass das Selbst allein existiert, nicht verwirklicht habe, so wäre es vielleicht besser für mich, Bhakti *und andere* Yoga-*Pfade (*Yoga-Margas) *zu praktizieren, die sich zur spirituellen Übung besser eignen als das Forschen nach dem Selbst (*Vichara-Marga*). Ist es für den Laien, wie ich einer bin, nicht unmöglich, das Absolute Sein (*Brahma-*Jñana) zu verwirklichen?*

Maharshi: *Brahma-Jñana* ist nicht eine Erkenntnis, die ein Mensch erreichen und durch deren Besitz er glücklich werden könnte. Er muss seine unwissende Betrachtensweise aufgeben. Das Selbst, das du zu erkennen suchst, bist wahrhaftig du selbst. Deine eingebildete Unwissenheit beschert dir unnötig Schmerz wie bei den zehn törichten Männern, die den »Verlust« des zehnten Mannes betrauerten, den sie niemals verloren hatten.

In dieser Parabel wateten zehn etwas einfältige Männer durch einen Fluss, und als sie das andere Ufer erreicht hatten, wollten sie sich vergewissern, ob wirklich alle von ihnen wohlbehalten hinübergekommen waren. Einer von ihnen begann zu zählen, ließ aber, während er die anderen zählte, sich selbst aus.

»Ich sehe nur neun!« rief er aus, »wir haben bestimmt einen verloren. Wer kann es nur sein?« – »Hast du richtig gezählt?« fragte ein anderer und zählte nun selbst; aber auch er kam nur auf neun. Nun begannen alle einer nach dem anderen zu zählen, aber jeder kam nur bis neun, weil er sich selbst nicht mitzählte. »Wir sind nur neun«, stimmten alle überein, »aber wer fehlt?« fragten sie sich. Alle ihre Anstrengungen, den fehlenden Mann zu finden, waren vergeblich. »Wer immer der Ertrunkene auch sei«, sagte der Rührseligste der zehn Narren, »wir haben ihn verloren.« Mit diesen Worten brach er in Tränen aus, und die übrigen neun folgten seinem Beispiel.

Ein freundlicher Wanderer, der sie am Flussufer weinen sah, fragte sie nach dem Grund ihrer Trauer. Sie erzählten ihm, was sich ereignet hatte, und sagten, dass sie auch nach mehrmaligem Zählen nicht mehr als neun gefunden hätten. Nachdem der Wanderer ihre Geschichte gehört hatte, jedoch alle zehn vor sich sah, ahnte er sogleich, was geschehen war. Um ihnen klar zu machen, dass sie wirklich zehn seien, und alle wohlbehalten den Fluss überquert hatten, sagte er ihnen: »Jeder von euch, einer nach dem anderen, soll der Reihe nach selbst zählen: eins, zwei, drei und so weiter, während ich dabei jedem einen Schlag geben werde. Dadurch könnt ihr die Gewissheit haben, bei der Zählung mit einbegriffen und doch nur einmal gezählt zu sein. Der ›fehlende‹ zehnte Mann wird sich dann finden.« Als sie das hörten, waren sie über die Aussicht, ihren »verlorenen« Kameraden wiederzufinden, sehr erfreut und gingen auf den Vorschlag des Wanderers ein.

Während der gute Wanderer der Reihe nach einem jeden der zehn einen Schlag versetzte, zählte sich der jeweils Geschlagene laut. »Zehn« sagte der letzte Mann, als er an der Reihe war und den letzten Schlag erhielt. Verwirrt sahen sie einander an. »Wir *sind* zehn«, riefen sie einstimmig und dankten dem Wanderer dafür, dass er sie von ihrem Kummer befreit hatte.

Das ist die Parabel. Von wo war der zehnte Mann hergekommen? War er jemals verloren gewesen? Lernten sie irgendetwas Neues durch die Erkenntnis, dass er die ganze Zeit da gewesen war? Der Grund ihres Kummers war nicht der *tatsächliche* Verlust von einem der Zehn, sondern es war ihre eigene Unwissenheit, und mehr noch ihre falsche Annahme, dass sie einen der Ihren verloren hätten.

Ebenso ist es mit dir. Es gibt in Wahrheit keinen Grund für dich, zu leiden und unglücklich zu sein. Du selbst begrenzt deine wahre Natur unendlichen Seins und weinst dann darüber, dass du bloß eine endliche Kreatur bist. Dann beginnst du mit dieser oder jener spirituellen Übung (*Sadhana*), um die nicht existierenden Grenzen zu überwinden. Wenn nun deine

Übung an sich bereits das Vorhandensein der Grenzen voraussetzt, wie sollte sie dir helfen können, sie zu überschreiten?

Ich sage dir daher: Erkenne, dass du in Wahrheit das unendliche, reine Sein, das absolute Selbst bist. Du bist immer das Selbst und nichts anderes als das Selbst; folglich kann dir das Selbst in Wirklichkeit niemals verborgen sein. Deine Unwissenheit ist bloß eine scheinbare; sie gleicht der Unwissenheit der zehn Narren über den »verlorenen« zehnten Mann. Diese Unwissenheit hatte ihnen den Kummer verursacht.

Erkenne also, dass wahre Erkenntnis dir kein neues Wesen erschafft, sondern nur deine »unwissende Unwissenheit« beseitigt. Seligkeit wird deinem wirklichen Wesen nicht hinzugefügt; sie wird bloß als dein wahrer und natürlicher Zustand geoffenbart, der ewig und unvergänglich ist. Das einzige Mittel, frei von Leid zu sein, ist, das Selbst zu *erkennen* und es zu *sein*. Warum sollte das nicht möglich sein?

10
Übung und Gnade

Frage: Schon seit undenklichen Zeiten suchen die Menschen nach Gott. Ist hier das letzte Wort schon gesprochen?

Maharshi schweigt eine Weile.

Frage (verwirrt): Soll ich Shri Bhagavans Schweigen als die Antwort auf meine Frage betrachten?

Maharshi: Ja. Schweigen ist Gottes eigene Gestalt. *(Mauna* ist *Ishvara-Svarupa.)* Daher sagen die Schriften: »Die Wahrheit des Höchsten *Brahman* wird durch schweigende Beredsamkeit verkündet.«

Frage: Man sagt von Buddha, *er habe solche Fragen über Gott abgelehnt.*

Maharshi: Und daher nannte man ihn einen Nihilisten (*Shunya-Vadin*). In der Tat, *Buddha* ging es mehr darum, den Sucher hier und jetzt zur Seligkeit zu führen, als akademische Diskussionen über Gott und ähnliche Dinge zu führen.

Frage: Es heißt, Gott ist sowohl Gestalt als auch gestaltlos. Man sagt, in Seinem gestalthaften Aspekt umschließt Er die Welt als einen Teil Seines Wesens. Wenn das so ist, müssten wir – als Teil dieser Welt – Ihn leicht in manifestierter Form erkennen können.

Maharshi: Erkenne zuvor dich selbst, ehe du über das Wesen Gottes und der Welt entscheiden willst.

Frage: Wenn ich mich selbst erkenne, erkenne ich damit auch Gott?

Maharshi: Ja, denn Gott ist in dir.

Frage: Was hindert mich dann an der Erkenntnis meines Selbst oder Gottes?

Maharshi: Dein schweifender Geist und deine Lebensweise.

Frage: Ich bin ein schwaches Geschöpf. Aber warum beseitigt nicht die innewohnende höhere Macht des Herrn die Hindernisse?

Maharshi: Er wird es tun, wenn du dich danach sehnst.

Frage: Warum sollte Er nicht in mir diese Sehnsucht erwecken?

Maharshi: Dazu musst du dich Ihm ergeben.

Frage: Muss ich nicht mehr zu Gott beten, wenn ich mich Ihm ergebe?

Maharshi: Die Hingabe selbst ist ein mächtiges Gebet.

Frage: Aber ist es denn nicht notwendig, erst mal Gottes Wesen zu begreifen, bevor man sich hingibt?

Maharshi: Wenn du daran glaubst, dass Gott alles für dich tun wird, worum du Ihn bittest, dann ergib dich Ihm. Sonst lass Gott beiseite und erkenne dich selbst.

Frage: Kümmern sich Gott oder der Guru *um mich?*

Maharshi: Wenn du einen der beiden suchst – sie sind in Wirklichkeit nicht zwei, sondern ein und dasselbe –, so kannst du sicher sein, dass auch sie dich mit einer Intensität suchen, die größer ist, als du dir jemals vorstellen kannst.

Frage: Jesus erzählte das Gleichnis von der verlorenen Münze, die die Frau so lange suchte, bis sie sie fand.

Maharshi: Ja, das trifft die Wahrheit am besten, dass nämlich Gott oder der Guru stets auf der Suche nach dem ernsthaften Wahrheitssucher ist. Wäre die Münze Falschgeld, so hätte die Frau sie nicht so lange gesucht. Begreifst du, was das bedeutet? Der Suchende muss durch Hingabe und ähnliche innere Übungen entsprechend reif werden.

Frage: Es kann aber sein, dass man sich der Gnade Gottes nicht ganz sicher ist.

Maharshi: Wenn der unreife Geist diese Gnade nicht fühlt, so bedeutet das nicht, dass die Gnade Gottes nicht vorhanden ist. Das hieße nämlich, dass Gott zeitweise *nicht* gnädig ist, mit anderen Worten, dass er aufhört, Gott zu sein.

Frage: Deckt sich das mit dem Christuswort: »Dir geschehe, wie du geglaubt hast«?

Maharshi: Es ist genau dasselbe.

Frage: Die Upanishaden *sagen: »Der allein erkennt den* Atman, *den der* Atman *erwählt.« Warum sollte der* Atman *überhaupt auswählen und warum nur einige besondere Menschen?*

Maharshi: Wenn die Sonne aufgeht, erblühen nur einige Knospen, nicht alle. Tadelst du deshalb die Sonne? Aber die Knospe kann nicht von selbst blühen, sie bedarf dazu des Sonnenlichtes.

Frage: Können wir nicht sagen, dass die Hilfe des Atman *deshalb notwendig ist, weil der* Atman *selbst es ist, der den Schleier der* Maya *über sich warf?*

Maharshi: Du kannst es so sagen.

Frage: Wenn der Atman *den Schleier über sich geworfen hat, sollte er ihn nicht auch selbst wieder entfernen?*

Maharshi: Er wird es tun. Erkenne du aber, für wen der Schleier vorhanden ist.

Frage: Warum soll ich *das tun? Möge der* Atman *doch selber den Schleier beseitigen!*

Maharshi: Wenn der *Atman* über den Schleier reden kann, wird er ihn auch beseitigen!

Frage: Ist Gott persönlich?

Maharshi: Ja. Er ist immer die erste Person, das Höchste Ich, das stets vor dir steht. Weil du weltlichen Dingen den Vorrang gibst, scheint es, als wäre Gott in den Hintergrund getreten. Wenn du alles aufgibst und nur Ihn suchst, wird er allein als das Höchste Ich, das Selbst, übrig bleiben.

Frage: Man sagt, der Endzustand der Verwirklichung sei nach Advaita *(der Lehre der Nicht-Dualität) die absolute Vereinigung mit dem Göttlichen, gemäß* Visishtadvaita *(der Lehre der eingeschränkten Nicht-Dualität) teilweise Vereinigung, während* Dvaita *(die Lehre der Dualität) behauptet, es gäbe überhaupt keine Vereinigung. Welche von diesen Anschauungen soll man als die richtige betrachten?*

Maharshi: Warum willst du immer über Zukünftiges spekulieren? Alle stimmen darin überein, dass es ein »Ich« gibt. Der ernsthaft Suchende muss ohne Rücksicht auf die geistige Richtung, der er angehört, zunächst einmal herausfinden, was das »Ich« ist. Dann wird ihm noch Zeit genug bleiben, zu erkennen, was der letzte Zustand sein wird – ob das »Ich« mit dem höchsten Wesen verschmelzen oder von ihm getrennt bleiben wird. Nimm das Ende nicht vorweg, sondern halte den Geist offen.

Frage: Aber wird nicht ein gewisses Verständnis des letzten Zustandes dem Suchenden ein hilfreicher Führer sein?

Maharshi: Es hat gar keinen Sinn, jetzt darüber zu entscheiden, was der Endzustand der Realisierung sein wird. Das hat keinen wirklichen inneren Wert.

Frage: Wieso nicht?

Maharshi: Weil du auf einer falschen Grundlage vorangehst. Deine Ermittlung muss sich ja zwangsläufig auf den Intellekt stützen, der nur das Licht widerspiegelt, das vom Selbst herrührt. Ist es nicht vermessen vom Intellekt, über DAS zu urteilen, von dem er selbst nur eine begrenzte Erscheinungsform ist und von dem er sein kleines Licht empfängt?

Wie kann der Intellekt, der niemals das Selbst erreichen kann, kompetent sein, die Natur der letzten Verwirklichung herauszufinden oder gar darüber zu entscheiden? Das ist so, als wollte man das Sonnenlicht an seinem Ursprung nach dem Maßstab eines Kerzenlichtes zu messen versuchen. Das Wachs wird dahinschmelzen, bevor die Kerze der Sonne im Geringsten nahe kommt.

Gib dich keinen Spekulationen hin, sondern widme dich hier und jetzt der Suche nach der Wahrheit, die immer in dir ist.

11

Der *Jñani* und die Welt

Frage: Nimmt ein Jñani *(erleuchteter Weiser) die Welt wahr?*

Maharshi: Wer stellt die Frage, ein Erleuchteter oder ein Unerleuchteter (*Ajñani*)?

Frage: Ich muss zugeben: ein Unerleuchteter.

Maharshi: Ist es die Welt, die das Problem ihrer eigenen Wirklichkeit klären will? Nein, der Zweifel erhebt sich in dir! Du solltest aber zuerst einmal erkennen, *wer* der Zweifelnde ist. Danach kannst du dich damit beschäftigen, ob die Welt wirklich ist oder nicht.

Frage: Der Unerleuchtete sieht und erkennt die Welt und ihre Objekte, die auf seine Sinne einwirken. Erfährt der Erleuchtete die Welt in der gleichen Art?

Maharshi: Du sprichst vom Sehen und Erkennen der Welt. Wie aber könntest du ohne das Wissen um dein Selbst – das erkennende Subjekt (ohne das keine Erkenntnis der Objekte möglich ist) – das wahre Wesen der Welt erkennen? Die Objekte wirken zweifellos auf den Körper und auf die Sinnesorgane ein; aber erhebt sich diese Frage für deinen Körper? Sagt der Körper: »Ich empfinde das Objekt, es ist wirklich«? Oder sagt die Welt zu dir: »Ich, die Welt, bin wirklich«?

Frage: Ich möchte nur den Standpunkt des Erleuchteten gegenüber der Welt wissen. Wird die Welt auch nach *der Selbstverwirklichung noch wahrgenommen?*

Maharshi: Warum sorgst du dich um die Welt und darum, was mit ihr nach der Selbstverwirklichung geschieht? Verwirkliche zuerst das Selbst. Was hat es zu bedeuten, ob die Welt wahrgenommen wird oder nicht? Hilft es dir bei deinem Forschen, dass du die Welt während des Schlafens nicht wahrnimmst? Und was solltest du, umgekehrt, jetzt dadurch verlieren, dass du die Welt wahrnimmst? Es ist für den Erleuchteten und für den Unerleuchteten ziemlich unwesentlich, ob sie die Welt wahrnehmen oder nicht. Beide sehen sie, aber die Ebene ihrer Wahrnehmung unterscheidet sich.

Frage: Wo liegt dann aber der Unterschied zwischen dem Erleuchteten und dem Unerleuchteten, wenn beide die Welt in der gleichen Art wahrnehmen?

Maharshi: Wenn der Erleuchtete die Welt sieht, sieht er das Selbst, die Substanz alles Sichtbaren; der Unerleuchtete jedoch, ob er nun die Welt sieht oder nicht, weiß nichts von seinem wahren Wesen, dem Selbst.

Nimm das Beispiel der beweglichen Bilder auf der Leinwand bei einer Kinovorführung. Was ist vor dir, ehe das Spiel beginnt? Bloß die Leinwand. Auf jener Leinwand siehst du den ganzen Film, und die Bilder scheinen wirklich zu sein. Nun aber gehe hin und versuche, sie zu ergreifen. Was hältst du in deiner Hand? Bloß die Leinwand, auf der die Bilder so wirklich erschienen. Und was bleibt nach dem Spiel übrig, wenn die Bilder verschwinden? Wieder nichts anderes als die Leinwand!

So ist es mit dem Selbst. Es ist das einzige Existierende; die Bilder kommen und gehen. Wenn du im Selbst gegründet bist, wird dich das Erscheinen der Bilder nicht täuschen. Ja, es hat überhaupt nichts zu bedeuten, ob die Bilder erscheinen oder verschwinden. Der Unerleuchtete, der des Selbst nicht gewahr ist, meint, die Welt sei wirklich, so wie er – wenn er die Leinwand nicht beachtet – auch nur die Bilder sieht, als würden sie ganz unabhängig von der Leinwand existieren. Wenn du erkennst, dass ohne den Sehenden selbst nichts gesehen werden kann – wie es auch keine Bilder ohne die Leinwand gibt –, wirst du nie irregeführt. Der Erleuchtete erkennt, dass die Leinwand, die Bilder und die Wahrnehmung derselben nichts anderes sind als das Selbst. In den Bildern manifestiert sich das Selbst, ohne sie bleibt es unmanifestiert. Für den Erleuchteten ist es ziemlich unwesentlich, ob das Selbst manifestiert oder unmanifestiert ist. Er ist immer das Selbst. Aber der Unerleuchtete, der den Erleuchteten handeln sieht, wird dadurch verwirrt.

Frage: Genau das hat mich dazu veranlasst, meine erste Frage zu stellen: nämlich, ob einer, der das Selbst verwirklicht hat, die Welt in der Weise wahrnimmt, wie wir es tun. Wenn das der Fall ist, würde ich gerne wissen, was Bhagavan gestern von dem geheimnisvollen Verschwinden des Photos hielt?

Maharshi (lächelnd): Du meinst das Photo von dem Madura-Tempel. Wenige Minuten vorher ging es durch die Hände der Besucher, die es der Reihe nach betrachteten. Es war offenbar versehentlich zwischen die Seiten irgendeines Buches geraten, in dem sie blätterten.

Frage: Ja, so war es. Was meint Bhagavan dazu? Man suchte eifrigst nach dem Bild und konnte es nicht finden. Was denkt Bha-

gavan darüber, dass dieses Bild gerade in dem Augenblick auf rätselhafte Weise verschwand, als man es benötigte?

Maharshi: Nimm an, du träumst, dass du mich in deine ferne Heimat in Polen brächtest. Du erwachst und fragst mich: »Ich träumte dies und jenes. Hattest du auch einen solchen Traum oder weißt du auf irgendeine andere Weise, dass ich dich nach Polen brachte?« Welche Bedeutung wirst du einer solchen Frage beimessen?

Frage: Aber was das vermisste Bild betrifft, fand doch das ganze Geschehen vor Bhagavan statt.

Maharshi: Das Sehen des Bildes, sein Verschwinden und ebenso deine gegenwärtige Frage sind alles nur Abläufe des denkenden Geistes.

Dazu gibt es in den *Puranas* folgende Geschichte: Als *Sita* in ihrer Waldeinsiedelei vermisst wurde, ging *Rama* umher, sie zu suchen, und rief dabei klagend aus: »Oh *Sita, Sita*!« Man sagt, dass *Parvati* und *Parameshvara* von oben sahen, was sich in dem Wald zutrug. *Parvati* drückte *Shiva* ihre Überraschung aus und sagte: »Du lobst *Rama* als das vollkommene Wesen. Sieh doch, wie er sich benimmt und sich über den Verlust von *Sita* grämt!« *Shiva* antwortete: »Wenn du an *Ramas* Vollkommenheit zweifelst, dann stelle ihn doch auf die Probe. Verwandle dich durch deine *Yoga*-Kräfte (*Yoga-Maya*) in *Sitas* Gestalt und erscheine ihm.« *Parvati* tat es. Sie erschien *Rama* als *Sitas* wahrhaftiges Ebenbild, aber zu ihrem Erstaunen übersah *Rama* ihre Gegenwart vollständig, lief herum wie zuvor und rief weiter: »Oh *Sita*, oh *Sita*!«, als wäre er blind.

Frage: Ich bin nicht imstande, die Moral dieser Geschichte zu begreifen.

Maharshi: Wenn *Rama* wirklich die körperliche Gegenwart *Sitas* gesucht hätte, würde er die Person, die vor ihm stand, als die *Sita* anerkannt haben, die er verloren hatte. Dem war aber nicht so; die Gestalt der vermissten *Sita* war genauso unwirklich wie jene *Sita*-Erscheinung, die jetzt vor seinen Augen stand. *Rama* war nicht wirklich blind; aber für *Rama* als *Jñani* war das frühere Wesen *Sita* in der Einsiedelei und ihr Verschwinden ebenso unwirklich wie seine anschließende Suche nach ihr und wie *Parvatis* Erscheinen in Gestalt von *Sita*. Verstehst du nun, wie die Angelegenheit mit dem verschwundenen Photo gesehen wurde?

Frage: Ich kann nicht behaupten, dass mir alles ganz klar ist. Ist die Welt, die wir auf so vielfältige Weise sehen, fühlen und empfinden, so etwas wie ein Traum und eine Täuschung?

Maharshi: Es bleibt dir nichts anderes übrig, als die Unwirklichkeit der Welt einzusehen, wenn du die Wahrheit und nur sie allein suchst.

Frage: Warum?

Maharshi: Aus dem einfachen Grund, weil deine Gedanken und Gefühle immer hinter der Welt her sein werden, wenn du nicht die Vorstellung von ihrer Wirklichkeit aufgibst. Wenn du die Erscheinung für wirklich hältst, wirst du die Wirklichkeit selbst niemals erkennen, obgleich sie das Einzige ist, das existiert. Dieser Punkt wird durch die Analogie von der »Schlange im Seil« erläutert. Solange du die Schlange siehst, kannst du das Seil als solches nicht wahrnehmen. Die nicht existierende Schlange wird wirklich für dich, während das wirkliche Seil überhaupt nicht zu existieren scheint.

Frage: Es ist leicht, versuchsweise anzunehmen, dass die Welt letzten Endes nicht wirklich ist. Aber es ist schwer, die Überzeugung zu haben, dass sie tatsächlich unwirklich ist.

Maharshi: Sie ist ebenso wirklich wie deine Traumwelt wirklich ist, während du träumst. Solange dein Traum währt, ist alles, was du darin siehst, fühlst und erlebst, wirklich.

Frage: Ist denn die Welt nicht mehr als ein Traum?

Maharshi: Was ist denn an dem Gefühl der Wirklichkeit falsch, das du während des Träumens hast? Zuweilen träumst du etwas ganz Unmögliches, z.B. du hättest eine fröhliche Plauderei mit einem Menschen, der schon tot ist. Vielleicht zweifelst du für einen Augenblick im Traum und fragst dich: »War er nicht tot?« Aber irgendwie söhnen sich deine Gedanken mit der Traumvision aus, und dieser Mensch ist für den Traum als solchen so gut wie lebendig. Mit anderen Worten: Dein Traum als Traum erlaubt dir nicht, seine Wirklichkeit zu bezweifeln. Ebenso wenig bist du imstande, die Wirklichkeit der Welt anzuzweifeln, die du in deinem Wachzustand erlebst. Wie kann der Geist, der sich selbst die Welt geschaffen hat, sie als unwirklich abtun? Deshalb wird die Welt des Wachzustandes mit der Traumwelt verglichen. Beide sind bloße Schöpfungen deines Geistes, und solange Geist und Gemüt von einer der beiden in Anspruch genommen werden, können sie die Wirklichkeit der Traumwelt während des Traumes und die Wirklichkeit des Wachzustandes während des Wachens nicht leugnen. Wenn du jedoch deinen Geist vollständig von der Welt zurückziehst, ihn nach innen wendest und so verweilst, wenn du mit anderen Worten immer für das Selbst, die Substanz aller Erfahrungen wach bleibst, wirst du die Welt, die du jetzt allein wahrnimmst, als ebenso unwirklich erkennen, wie jene Welt, in der du in deinem Traum lebst.

Frage: Wie ich vorhin sagte, sehen, fühlen und empfinden wir die Welt auf vielfältige Weise. Diese Empfindungen sind Reaktionen auf Objekte, die man gesehen, gefühlt oder in anderer Weise wahr-

genommen hat, und nicht geistige Schöpfungen wie in Träumen, welche nicht nur von Person zu Person, sondern auch bei ein und derselben Person verschieden sind. Genügt das nicht, um die objektive Realität der Welt zu beweisen?

Maharshi: All dieses Gerede über Widersprüche, die der Traumwelt zugeschrieben werden, entsteht nur dann, wenn du wach bist. Als du träumtest, war der Traum ein vollkommen in sich geschlossenes Ganzes. Das heißt, wenn du im Traum durstig warst, stillte das geträumte Wasser deinen geträumten Durst. Doch erschien dir das alles nur so lange wirklich und nicht täuschend, als du nicht wusstest, dass der Traum selbst eine Täuschung war. – Ebenso ist es mit der Welt des Wachens; und die Empfindungen, die du jetzt hast, wirken in einer solchen Weise zusammen, dass sie in dir den Eindruck erwecken, die Welt sei wirklich.

Wenn die Welt tatsächlich eine selbständige, unabhängige Wirklichkeit wäre (was du augenscheinlich mit ihrer Objektivität meinst), so überlege, was sie daran hindern sollte, sich dir im Schlaf zu zeigen? Denn du willst doch wohl nicht sagen, dass du im Schlaf nicht existiert hättest?

Frage: Ich leugne auch nicht das Dasein der Welt, während ich schlafe, sondern meine, sie hat auch während dieser Zeit existiert. Wenn ich sie nicht sah, während ich schlief, sahen sie doch andere, die nicht schliefen.

Maharshi: Hattest du die Zeugenschaft anderer nötig, um dir deine Existenz während des Schlafes zu beweisen? Warum rufst du sie jetzt als Zeugen auf? Diese »Anderen« können dir nur dann, wenn du selbst wach bist, sagen, dass sie die Welt gesehen haben, während du schliefst. Mit deiner eigenen Existenz jedoch verhält es sich anders. Wenn du erwachst, sagst du, du hättest tief geschlafen; daraus geht hervor, dass du auch im tiefsten Schlaf deiner selbst bewusst geblieben bist, ohne jedoch auch nur die geringste Ahnung von der Existenz der Welt zu haben. Und sogar jetzt, während du wach bist, sagt die Welt nun: »Ich bin wirklich«, oder sagst du es?

Frage: Natürlich sage ich *es, aber ich sage es von der Welt.*

Maharshi: Nun gut; diese Welt aber, die du für so wirklich hältst, führt dich in Wahrheit an der Nase herum, wenn du ihre Wirklichkeit beweisen möchtest, aber deine eigene Wirklichkeit nicht kennst.

Du willst auf diese oder jene Weise die Wirklichkeit der Welt verteidigen. Aber was ist der Maßstab der Wirklichkeit? Wirklich ist, was auf sich selbst gegründet ist, was sich durch sich selbst offenbart und ewig und unwandelbar ist.

Ist die Welt auf sich selbst gegründet? Wurde sie jemals ohne die Hilfe des denkenden Geistes wahrgenommen? Im Tiefschlaf existiert weder der denkende Geist noch die Welt. Wachst du auf, ist wieder der Geist da und die Welt. Was bedeutet dieses immer währende gleichzeitige Vorhandensein? Du bist mit den Prinzipien der induktiven Logik vertraut, die als Basis wissenschaftlicher Forschung angesehen werden. Warum entscheidest du diese Frage von der Wirklichkeit der Welt nicht im Lichte dieser anerkannten Grundsätze der Logik?

Von dir selbst kannst du sagen: »Ich bin«. Das heißt, du hast nicht nur Sein, sondern du bist dir auch des Seins bewusst. In Wirklichkeit ist es Sein, das mit Bewusstsein identisch ist.

Frage: Die Welt mag sich ihrer selbst nicht bewusst sein und doch existiert sie.

Maharshi: Bewusstsein ist stets Bewusstsein des Selbst. Wenn du dir irgendetwas bewusst bist, bist du dir in der Tiefe auch deiner selbst bewusst. Ein Dasein, in dem man seiner selbst nicht bewusst ist, ist ein Widerspruch in sich selbst. Es ist gar kein wirkliches Dasein, sondern rein fiktiv. Das wahre Sein, *Sat*, hingegen ist kein Attribut, sondern die Substanz selbst. Es ist das Seiende (das Ding an sich = *Vastu*). Daher wird die Wirklichkeit als *Sat-Chit*, Sein und Bewusstsein, erfahren, niemals jedoch als das eine unter Ausschluss des anderen. Die Welt besteht weder durch sich selbst, noch ist sie sich ihres Daseins bewusst. Wie kannst du sagen, dass eine solche Welt wirklich ist?

Was ist denn überhaupt das Wesen der Welt? Es ist ein ewiger Wandel, ein ununterbrochener, endloser Strom. Eine abhängige, ihrer selbst unbewusste, immer wechselnde Welt kann nicht wirklich sein.

Frage: Nicht nur die westliche empirische Wissenschaft (siehe Anmerkung am Ende des Kapitels) betrachtet diese Welt als wirklich, sondern auch die Veden *zum Beispiel geben sorgfältig ausgeführte kosmologische Beschreibungen von der Welt und ihrem Ursprung. Warum tun sie das, wenn die Welt unwirklich ist?*

Maharshi: Der wesentliche Inhalt der *Veden* ist es, dich das Wesen des unzerstörbaren *Atman* zu lehren und mit Autorität zu erklären: »*Du bist DAS.*«

Frage: Das verstehe ich. Aber warum legen sie mit größter Ausführlichkeit kosmologische Beschreibungen dar, wenn sie die Welt nicht als wirklich betrachten?

Maharshi: Nimm in der Praxis an, was du in der Theorie gelten lässt, und lass alles andere sein. Die heiligen Schriften sollen *allen* Wahrheitssuchern als Führer dienen, aber nicht alle haben dieselbe Mentalität. Was du nicht annehmen kannst, betrachte als Hilfsargument (*Artha-Vada).*

Anmerkung: Während er einerseits die Hilfe der modernen Wissenschaft sucht, um seine Ansicht zu behaupten, fügt der Fragesteller andererseits der modernen Wissenschaft nur seine eigenen Anschauungen hinzu. Die neue wissenschaftliche Forschung hat ein für alle Male die Annahme des gesunden Menschenverstandes von der Wirklichkeit der Welt als einer stabilen, greifbaren Masse, die aus sich selbst Bestand hat, als Mythos *verworfen*.

In der letzten Analyse löst sich die Welt der Sinneswahrnehmungen in die zwei Kategorien von Zeit und Raum auf. So lesen wir in »The New Background of Science« (Wissenschaft vor neuem Hintergrund) von Sir James Jeans, wo er den Schluss aus Experimenten zieht, die auf Einsteins Relativitätstheorie basieren:

»Wir erkennen, dass Raum, unabhängig von unserer Wahrnehmung der Objekte, nichts bedeutet, und ebenso wenig die Zeit, unabhängig von unserer Erfahrung der Begebenheiten. Der Raum beginnt uns als *bloße Fiktion unseres eigenen Geistes* zu erscheinen (unsere physischen Körper sind lediglich Gegenstände im Raum), als eine unrechtmäßige Erweiterung einer subjektiven Vorstellung hin zur Natur, die uns hilft, die Anordnung der Objekte, wie wir sie sehen, zu verstehen und zu beschreiben; während die Zeit uns als eine *zweite Fiktion* erscheint (ohne Vergangenheit und Zukunft ist das herkömmliche Konzept von Zeit ohnehin nur ein Mythos), die einem ähnlichen Zweck dient, nämlich die aufeinanderfolgenden Begebenheiten, die uns zustoßen, zu ordnen.«

Der Leser möge beachten: Wenn Zeit und Raum von der modernen Wissenschaft als bloße Fiktionen betrachtet werden, die unser eigener Geist erschafft, dann sind Objekte und Ereignisse ipso facto bloß Schöpfungen des Geistes, da sie nicht ohne Zeit und Raum existieren können.

Was die Festigkeit betrifft, die der Laie der Materie zuschreibt, liefern die folgenden aus der modernen Experimentalphysik gezogenen Schlüsse die Antwort:

1. Die Wissenschaft weiß nichts über die wahre Natur der wesentlichen Bestandteile des Atoms. Sie kennt nur die Ausstrahlungen, die aus ihm kommen, aber *niemals die Quelle selbst*.
2. Da das Atom ständig Energie ausstrahlt, kann das Elektron einer bestimmten Zeitphase niemals mit dem Elektron aus einer anderen Zeitphase gleichgesetzt werden.
3. »Das Elektron hört gänzlich auf, die Eigenschaften eines ›Objekts‹ zu haben, wie es sich der gewöhnliche Verstand vorstellt; es ist nur ein *Feld*, aus dem Energie ausstrahlen kann.« (»Umriss der Philosophie« von Bertrand Russell.)

Bertrand Russell zieht folgenden Schluss: »Hauptsächlich aufgrund der Forschungen zweier deutscher Physiker, Heisenberg und Schrödinger, schmolz die letzte Spur des alten, festen Atoms dahin, und die Materie wurde genauso geisterhaft wie das, was bei einer spiritistischen Séance geschieht.«

Der Leser beurteile nun selbst, in welcher Weise die wache Welt der Sinneswahrnehmungen wesentlich verschieden von der Traumwelt ist, wenn er sich dessen erinnert, was darüber im Hauptteil dieses Kapitels und in dem Text *Wer bin ich?* gesagt wurde, nämlich: »Abgesehen davon, dass der Wachzustand lang und der Traumzustand kurz ist, besteht zwischen den beiden kein Unterschied.« Diese Wahrheit, die von der modernen Wissenschaft wiederholt wird, drückt Dr. Eddington auf folgende Weise aus: »Das unumwundene Eingeständnis, dass die physikalische Wissenschaft sich mit der Welt der Schatten befasst, ist einer der bedeutendsten Fortschritte … *In der Welt der Naturwissenschaft beobachten wir eine schattenhafte Darstellung von dem Drama des alltäglichen Lebens.*« – (die auf der Leinwand erscheinenden Bilder, wie *Shri Bhagavan* es nennt.) »Der Schatten meines Ellbogens ruht auf dem Schattentisch, während Schattentinte über Schattenpapier fließt.« (*Das Wesen der physikalischen Welt*)

12 Das »Herz« ist das Selbst

Frage: Shri Bhagavan nennt das spirituelle »Herz« den Sitz des Bewusstseins und sagt, dass es identisch mit dem Selbst sei. Wie kann man die Bedeutung des »Herzens« genauer beschreiben?

Maharshi: Die Frage nach dem »Herzen« erhebt sich in dir, weil du die Quelle des Bewusstseins suchen möchtest. Alle, die ernsthaft nachdenken, fühlen sich unwiderstehlich davon angezogen, das »Ich« und sein Wesen zu erforschen.

Du kannst es nennen, wie du willst: Gott, das Selbst, das »Herz« oder den Sitz des Bewusstseins – es ist alles dasselbe. Was du verstehen solltest, ist, dass das »Herz« der wirkliche Kern deines Wesens und das Zentrum ist, ohne das überhaupt nichts existiert.

Frage: Shri Bhagavan hat aber in dem physischen Körper einen besonderen Platz für das »Herz« angegeben, nämlich im Brustkorb, zwei Fingerbreit rechts von der Mitte.

Maharshi: Ja, das ist das Zentrum spiritueller Erfahrung; alle Weisen bezeugen das. Dieses spirituelle Herzzentrum ist etwas ganz anderes, als das Blut pumpende, muskulöse Organ, das wir unter demselben Namen kennen. Das spirituelle Herzzentrum ist kein Organ des Körpers. Alles, was du von ihm sagen kannst, ist, dass es der wahre Kern deines Wesens ist, *Das*, womit du wirklich identisch bist (wie das Wort in Sanskrit besagt), ob du nun wachst, schläfst oder träumst, ob du mit einer Arbeit beschäftigt oder in *Samadhi* versunken bist.

Frage: Wie kann es aber angesichts dieser Tatsache in irgendeinem Teil des Körpers lokalisiert sein? Würde man eine Stelle für das Herz festlegen, so würde man ja physiologische Begrenzungen für DAS *setzen, was jenseits von Zeit und Raum ist.*

Maharshi: Das ist richtig. Aber derjenige, der die Frage über die Lage des »Herzens« stellt, betrachtet sich als Wesen, das mit dem Körper oder in dem Körper existiert. Oder willst du vielleicht behaupten, dass nur dein Körper hier ist, während du jetzt fragst, du aber von anderswoher sprichst? Nein, du erkennst deine körperliche Existenz an, und aufgrund dieser Perspektive wird ein Hinweis auf den physischen Körper gegeben.

In Wahrheit ist das reine Bewusstsein unteilbar. Es hat keine Teile, keine Form und Gestalt, kein »Innen« und kein »Außen«. Es kennt kein »Rechts« oder »Links«. Das »Herz« als reines Bewusstsein schließt alles ein, und nichts ist außerhalb oder getrennt von ihm; das ist die letzte Wahrheit.

Von diesem absoluten Standpunkt aus kann man dem »Herzen«, dem »Selbst« oder »Bewusstsein« keinen speziellen Platz im physischen Körper zuweisen. Aus welchem Grunde? Der Körper selbst ist eine bloße Projektion des denkenden Geistes und dieser wiederum nur eine armselige Reflexion des strahlenden »Herzens«. Wie kann das Allumfassende selbst auf einen winzigen Teil im physischen Körper begrenzt sein, der seinerseits bloß eine unendlich kleine Erscheinungsform der einen Wirklichkeit ist?

Die Menschen aber verstehen das nicht, denn ihr Denken ist immer auf den physischen Körper und auf die Welt gerichtet. Du sagst zum Beispiel: »Ich bin von meinem Heimatland jenseits des Himalaya zu diesem *Ashram* gekommen.« Das ist aber nicht die Wahrheit. Wo ist ein »Kommen« oder »Gehen« oder überhaupt irgendeine Bewegung für den einen, allgegenwärtigen Göttlichen Geist (*Atman*), der du wirklich bist? DU bist, wo du immer warst. Nur dein Körper hat sich umherbewegt oder wurde von einem Ort zum anderen gebracht, bis er diesen *Ashram* erreichte.

Das ist die einfache Wahrheit, die aber einem Menschen, der sich als Subjekt in einer objektiven Welt empfindet, als etwas ganz und gar Phantastisches erscheint!

Wir weisen dem »Herzen« nur dann einen Platz im physischen Körper zu, wenn wir uns auf die Ebene des gewöhnlichen Verstandes herabbegeben.

Frage: Wie soll ich dann Shri Bhagavans Feststellung verstehen, dass die Erfahrung des Herzzentrums an dieser besonderen Stelle in der Brust stattfindet?

Maharshi: Wenn du erst einmal verstehst, dass vom wahren und absoluten Standpunkt aus das »Herz« als reines Bewusstsein jenseits von Raum und Zeit ist, wird es leicht für dich sein, das Übrige in seiner richtigen Perspektive zu erfassen.

Frage: Davon bin ich ausgegangen, als ich die Frage über die Lage des »Herzens« gestellt habe. Ich frage nach Shri Bhagavans Erfahrung.

Maharshi: Das reine Bewusstsein, das nicht im Geringsten dem physischen Körper angehört und alle Gedanken und Empfindungen transzendiert, ist nur unmittelbar erfahrbar. Die *Jñanis* kennen ihr körperloses, ewiges Sein ebenso genau, wie der Laie sein körperliches Dasein zu kennen glaubt. Man kann jedoch dieses Bewusstsein sowohl dann erfahren, wenn man des Körpers gewahr ist, als auch ohne körperliches Gewahrsein. In der körperlosen Erfahrung reinen Bewusstseins ist der *Jñani* jenseits von Zeit und Raum, und da kann die Frage über die Lage des »Herzens« gar nicht auftauchen.

Der physische Körper jedoch kann getrennt von diesem Bewusstsein nicht weiterleben; das Gewahrsein des Körpers muss vom reinen Bewusstsein getragen werden. Das Körperbewusstsein ist durch seine Natur begrenzt und kann niemals die gleiche Ausdehnung wie das reine Bewusstsein haben, das unendlich und ewig ist. Körperbewusstsein ist nur eine monadenähnliche Miniatur-Widerspiegelung des reinen Bewusstseins, als das der *Jñani* seine wahre Natur erkannt hat. Ihm ist daher das Körperbewusstsein sozusagen nur ein reflektierter Strahl des aus sich selbst leuchtenden unendlichen Bewusstseins, das er selbst ist. Nur in diesem Sinn ist sich der Erleuchtete seiner körperlichen Existenz gewahr.

Weil dem *Jñani* während der körperlosen Erfahrung des »Herzens« als reinem Bewusstsein der Körper nicht bewusst ist, lokalisiert er diese absolute Erfahrung innerhalb der Grenzen des physischen Körpers gleichsam durch die Erinnerung und das Gefühl, die aufkommen, wenn er sich wieder im Körperbewusstsein befindet.

Frage: Für Menschen wie ich, die weder die unmittelbare Erfahrung des »Herzens« noch die daraus folgende Erinnerung haben, scheint all das schwer erfassbar zu sein. Über die Lage des »Herzens« müssen wir uns wohl auf eine Vermutung verlassen.

Maharshi: Wenn sich sogar der Laie bei der Bestimmung der Lage des »Herzens« auf eine Vermutung verlassen müsste, wäre die Frage sicherlich keiner Betrachtung wert. Du sollst dich ganz und gar nicht auf eine Vermutung, sondern vielmehr auf eine unfehlbare, intuitive Erkenntnis stützen.

Frage: Für wen gilt diese intuitive Erkenntnis?

Maharshi: Für alle.

Frage: Hält Shri Bhagavan mich einer intuitiven Erkenntnis des »Herzens« für fähig?

Maharshi: Nein, nicht einer solchen des »Herzens«, sondern von der Lage des »Herzens« in Beziehung zu deinem wahren Sein.

Frage: Meint Bhagavan, dass ich die Lage des Herzens im physischen Körper intuitiv kenne?

Maharshi: Warum nicht?

Frage (auf sich weisend): Bezieht sich Shri Bhagavan auf mich *persönlich?*

Maharshi: Ja. Das ist Intuition! Mit welcher Geste hast du jetzt eben auf dich gedeutet? Legtest du deine Finger nicht auf die rechte Seite der Brust? Das ist genau der Platz des Herzzentrums.

Frage: Solange ich also das Herzzentrum nicht direkt erkenne, soll ich mich auf die Intuition verlassen?

Maharshi: Was sollte daran falsch sein? Wenn ein Schuljunge sagt: »Ich habe richtig gerechnet« oder wenn er dich fragt: »Soll ich laufen und das Buch für dich holen?«, würde er dabei auf den Kopf deuten, der die Summe gezählt hat, oder auf die

Beine, die ihn geschwind dahintragen werden, um dir das Buch zu holen? Nein. Sein Finger zeigt vielmehr in beiden Fällen ganz natürlich auf die rechte Seite der Brust, wodurch er ganz unschuldig der tiefen Wahrheit Ausdruck verleiht, dass an dieser Stelle der Ursprung des Ich in ihm ist. Was ihn in dieser Weise auf sich, nämlich auf das »Herz« und somit auf das Selbst weisen lässt, ist eine *unfehlbare* Intuition. Diese Handlung geschieht ganz *unwillkürlich* und bei jedem Individuum in genau derselben Weise.

Brauchst du noch einen stärkeren Beweis für die Lage des Herzzentrums im physischen Körper?

13

Die Lage des »Herzens«

Frage: Ich habe aber einen Heiligen sagen hören, er empfände seine spirituelle Erfahrung an der Stelle zwischen den Augenbrauen.

Maharshi: Wie ich schon vorhin gesagt habe, wird bei der letzten und vollkommenen Verwirklichung die Subjekt-Objekt-Beziehung transzendiert. Wenn das erreicht wurde, ist es belanglos, wo die spirituelle Erfahrung empfunden wird.

Frage: Es bleibt aber immer noch die Frage offen, welche von den beiden die richtige Ansicht ist, nämlich: 1. ob der Platz zwischen den Augenbrauen das Zentrum der spirituellen Erfahrung ist, oder 2. ob es das »Herz« ist.

Maharshi: Der Übung halber kannst du dich auf die Stelle zwischen den Augenbrauen konzentrieren; das ist die imaginative Kontemplation der Geistes- und Gemütskräfte (*Bhavana*). Der höchste Zustand der Verwirklichung *(Anubhava)*, mit dem du vollkommen eins wirst und in dem deine Individualität vollständig aufhört, ist jenseits des denkenden Geistes. Dann gibt es kein objektiviertes Zentrum mehr, das du als ein unterschiedenes und davon getrenntes Subjekt erfahren könntest.

Frage: Ich möchte meine Frage gerne in etwas anderen Worten stellen. Kann die Stelle zwischen den Augenbrauen als der Sitz des Selbst angesehen werden?

Maharshi: Du erkennst an, dass das Selbst die Quelle des Bewusstseins ist und dass das Selbst während aller drei Zustände des Geistes gleichmäßig bestehen bleibt. Was geschieht aber, wenn ein Mensch in der Meditation vom Schlaf übermannt wird? Als erstes Symptom des Schlafes beginnt sein Kopf, sich zu neigen, was doch nicht geschehen könnte, wenn sich das Selbst zwischen den Augenbrauen oder an irgendeiner anderen Stelle des Kopfes befände.

Wenn das Selbst während des Schlafes nicht zwischen den Augenbrauen empfunden wird, kann dieses Zentrum nicht sein Sitz genannt werden; ohne damit gleichzeitig zu behaupten, dass das Selbst oft seine eigene Stätte verlässt, was absurd ist.

Tatsächlich kann der Übende (*Sadhaka*) in jedem Zentrum oder *Chakra*, auf das er seinen Geist konzentriert, seine Erfahrung machen. Aber darum muss diese besondere Stelle *seiner* Erfahrung noch nicht der tatsächliche Sitz des Selbst sein.

Es gibt eine interessante Geschichte von *Kamal*, dem Sohn des Heiligen *Kabir*, die als eine Illustration dafür dient, dass der Kopf (und somit die Stelle zwischen den Augenbrauen) nicht der Sitz des Selbst ist.

Kabir war *Shri Rama* innigst ergeben und versäumte niemals, diejenigen zu bewirten, die das Lob des Herrn sangen, den er anbetete. Einmal aber traf es sich, dass er nicht die Mittel hatte, um das Essen für eine solche Versammlung von Verehrern zu beschaffen. Er wollte jedoch unter allen Umständen vor dem nächsten Morgen alle notwendigen Vorkehrungen getroffen haben. Sein Sohn und er begannen also in der Nacht damit, die erforderlichen Lebensmittel zu besorgen.

Die Geschichte verläuft in folgender Weise: Nachdem Vater und Sohn die Lebensmittel aus dem Hause eines Kaufmanns durch ein Loch, das sie in die Mauer schlugen, gestohlen hatten, ging der Sohn hinein, weckte die Familie auf und teilte ihr, getreu seinen Prinzipien, die Tatsache mit, dass in ihrem Haus eingebrochen worden sei. Nachdem er alle aufgeweckt hatte, wollte der Junge flüchten, indem er durch das Loch zu schlüpfen versuchte, auf dessen anderer Seite sein Vater auf ihn wartete. Sein Körper blieb jedoch in der Öffnung stecken. Um zu vermeiden, durch die ihn verfolgende Familie erkannt zu werden (denn wenn man ihn entdeckte, würden die Devotees am nächsten Tage nicht gespeist werden), rief er seinem Vater zu, er möge ihm den Kopf abschlagen und denselben mit sich nehmen. *Kabir* tat es. Er entkam glücklich mit den gestohlenen Lebensmitteln und dem Kopf seines Sohnes, den er, sobald er sein Heim erreicht hatte, versteckte, um einer etwaigen Entdeckung vorzubeugen. Ganz ohne Rücksicht darauf, was sich in der Nacht ereignet hatte, veranstaltete *Kabir* am nächsten Tag ein Festmahl für *Shri Ramas* Devotees. »Wenn es *Ramas* Wille ist, dass mein Sohn sterben soll, so möge es geschehen!« sagte *Kabir* zu sich. Am Abend zog er wie gewöhnlich, gefolgt von den anderen Devotees, in die Stadt und sang heilige Lieder.

Unterdessen erstattete der bestohlene Hausherr Anzeige beim König. Er brachte den verstümmelten Körper *Kamals* mit, doch keiner konnte erkennen, um wen es sich handelte. Um die Identität des Körpers festzustellen, ließ der König ihn an auffälliger Stelle der Hauptstraße anbinden, so dass jeder, der Anspruch auf ihn erheben oder ihn mit sich fortnehmen würde (es wird kein toter Körper verlassen, ohne dass ihm von Freunden und Verwandten die letzten Riten gewährt werden), von der Polizei, die man zu diesem Zweck in der Nähe verborgen hatte, verhört oder verhaftet werden konnte.

Kabir und die Devotees kamen lauthals Bhajans singend die Hauptstraße einher; da begann zu aller Erstaunen *Kamals* verstümmelter Körper (den man für so tot wie einen Türnagel hielt) in die Hände zu klatschen und den Takt zu dem Lied anzugeben, das *Ramas* Verehrer sangen.

Diese Geschichte widerlegt die Vermutung, dass der Kopf oder die Stelle zwischen den Augenbrauen der Sitz des Selbst ist. Bedenke auch, dass der Körper eines Soldaten, dessen Kopf im Gefecht auf dem Schlachtfeld durch einen plötzlichen heftigen Schwerthieb abgehauen wird, noch eine Weile weiterläuft oder wie im Scheingefecht seine Glieder bewegt, ehe er schließlich tot zu Boden sinkt.

Frage: Aber Kamals *Körper war Stunden vorher schon tot.*

Maharshi: Was du »tot« nennst, ist für *Kamal* wirklich keine außerordentliche Erfahrung. Höre eine Begebenheit aus seiner Kindheit.

Kamal hatte als Junge einen gleichaltrigen Freund, mit dem er täglich Murmeln spielte. Sie hatten untereinander abgemacht, dass der Gewinner dem Verlierer am nächsten Tag Gelegenheit zur Revanche geben musste. Eines Abends trennten sie sich nach einem Spiel, wobei *Kamal* am nächsten Tag Revanche zustand. So ging *Kamal* am folgenden Morgen zu dem Haus des Jungen, um Revanche zu fordern; dort aber sah er, dass man den Jungen auf die Veranda gelegt hatte und seine Verwandten weinend an seiner Seite hockten.

»Was gibt's?« fragte *Kamal*, »gestern Abend spielte er doch noch mit mir und er schuldet mir ein Spiel.« Die Verwandten weinten daraufhin noch mehr und sagten, der Junge sei tot. »Nein«, sagte *Kamal*, »er ist nicht tot, sondern tut nur so, um sich davor zu drücken, mir das Spiel zurückzuzahlen.« Die Verwandten widersprachen und sagten, er möge doch selbst sehen, dass der Junge wirklich tot und der Körper kalt und steif sei. »Ich weiß aber, dass das alles nur ein Vorwand ist; was besagt es, dass der Körper steif und kalt ist? Das kann ich auch!« *Kamal* sprach's, legte sich nieder und war im Nu tot.

Die armen Verwandten, die bisher den Tod ihres eigenen Jungen beweint hatten, waren jetzt noch unglücklicher und bestürzter und beklagten nun auch *Kamals* Tod. *Kamal* aber richtete sich auf und sagte: »Seht ihr es jetzt? Ich war das, was ihr tot nennt, aber ich bin wieder aufgestanden und bin munter und kräftig. Das ist es, wodurch er mich täuschen will, aber er kann mir mit derartigen Vorwänden nicht ausweichen.«

Die Geschichte endet damit, dass *Kamals* angeborene Heiligkeit dem toten Jungen neues Leben gab, und *Kamal* die ihm zustehende Revanche erhielt. Die Moral davon ist, dass der Tod des Körpers nicht die Vernichtung des Selbst bedeutet. Dessen Beziehung zum Körper ist nicht durch Geburt und Tod befristet, und sein Ort im physischen Körper wird nicht durch eine Erfahrung an einer bestimmten Stelle festgelegt, wie zum Beispiel durch Meditation (*Dhyana*) über den Punkt zwischen den Augenbrauen. Der höchste Zustand der Selbsterkenntnis ist *immer* gegenwärtig; er ist sowohl jenseits der Zustände des Geistes als auch jenseits von Leben und Tod.

Frage: Shri Bhagavan sagt, dass das Selbst durch jedes der Zentren oder Chakras *wirken kann, während sein Sitz im »Herzen« ist; ist es daher nicht doch möglich, dass durch die Übung intensiver Konzentration oder* Dhyana *dieses Zentrum zwischen den Augenbrauen der Sitz des Selbst wird?*

Maharshi: Solange dein Fixieren einer bestimmten Stelle nur eine Stufe deiner Konzentrationspraxis ist, um deine Aufmerksamkeit unter Kontrolle zu bekommen, ist jegliche Überlegung über den Sitz des Selbst bloße Theorie. Du betrachtest dich als das Subjekt, den Sehenden, und die Stelle, auf die du deine Aufmerksamkeit richtest, wird das gesehene Objekt. Das ist bloß *Bhavana* (ein mentaler Vorgang). Wenn du hingegen den Sehenden selbst wahrnimmst, löst du dich im Selbst auf und wirst eins mit ihm; das ist das »Herz«.

Frage: Ist es dann ratsam, sich auf die Stelle zwischen den Augenbrauen zu konzentrieren?

Maharshi: Es ist das Endergebnis einer jeden Meditationspraxis, dass das Objekt, auf das der Übende sein Denken und Fühlen richtet, sein vom Subjekt unterschiedenes und gesondertes Dasein verliert. Beide, das Subjekt und das Objekt, werden das eine Selbst, und das ist das »Herz«.

Die Konzentrationsübung auf das Zentrum zwischen den Augenbrauen ist eine der Methoden des *Sadhana*, wodurch die Gedanken und Gefühle eine Zeit lang wirksam beherrscht werden. Der Grund ist folgender: Alles Denken und Fühlen ist eine nach außen gerichtete Tätigkeit des Geistes, und dem Denken folgt als Erstes das physische oder mentale »Sehen«.

Der Schüler sollte jedoch wissen, dass diese Übung (*Sadhana*), bei der er seine Aufmerksamkeit auf die Stelle zwischen den Augenbrauen fixiert, mit *Japa* (der Wiederholung heiliger Namen Gottes, heiliger Silben oder Worte) verbunden sein muss, denn das, was dem *physischen Auge* an Wichtigkeit am nächsten steht, ist das *physische Ohr*. Das betrifft sowohl die Beherrschung als auch die Ablenkbarkeit des Geistes. Nach dem *geistigen Auge* (der mentalen Visualisierung des Objektes) ist das *geistige Ohr* (die mentale Artikulation der Sprache) das Zweitwichtigste, durch das man das Denk- und Empfindungsvermögen beherrschen und damit stärken oder ablenken und damit zerstreuen kann.

Du sollst also, während du dein geistiges Auge auf ein Zentrum, wie z.B. das zwischen den Augenbrauen, richtest, auch die geistige Artikulation eines Namens (*Nama)* oder heiliger Silben (*Mantras*) üben. Sonst wird dir der Gegenstand der Konzentration bald entgleiten.

Diese oben beschriebene geistige Übung (*Sadhana*) führt dazu, dass der Name, das Wort oder das Selbst – wie immer du es nennen magst – und das Zentrum, das du für deine Meditation auserwählt hast, eins werden. Das Reine Bewusstsein, das Selbst oder das »Herz«, ist die letzte Realisierung.

Frage: Warum gibt uns Shri Bhagavan nicht die Anweisung, Konzentration auf irgendein einzelnes Zentrum oder Chakra *zu üben?*

Maharshi: Die *Yoga*-Schriften sagen, dass das *Sahasrara* (das feinstoffliche Energiezentrum des tausendblättrigen Lotus) oder das Gehirn der Sitz des Selbst ist. Das *Purusha Sukta* erklärt, es sei das »Herz«. Um es dem Übenden zu ermöglichen, frei von Zweifel seinen Weg zu finden, rate ich ihm, den Faden der »Ich-« oder der »Ich-bin«-Vorstellung bis zu seiner Quelle zu verfolgen. Denn erstens kann über diese Ich-Vorstellung niemand einen Zweifel hegen; zweitens ist, gleichgültig, welche Art von *Sadhana* man übt, das Endziel die Erkenntnis des Ursprungs der »Ich-bin«-Vorstellung, die die Urtatsache deiner Erfahrung ist.

Wenn du daher Selbsterforschung (*Atma-Vichara*) übst, wirst du das »Herz« erreichen, das ja das Selbst ist.

14 Das »Ich« und der Ich-Gedanke *(Aham und Aham-Vrtti)*

Frage: Wie kann eine vom Ego begonnene Forschung dessen eigene Unwirklichkeit enthüllen?

Maharshi: Du transzendierst das phänomenale Dasein des Ego, sobald du in die Quelle tauchst, aus der sich der Ich-Gedanke (*Aham-Vrtti*) erhebt.

Frage: Ist aber der Ich-Gedanke nicht bloß eine der drei Formen, in denen sich das Ego manifestiert? Yoga Vasishtha *und andere ältere Texte beschreiben eine dreifältige Form des Ego.*

Maharshi: Das stimmt. Man sagt, das Ego hätte drei Körper: den groben, den feinstofflichen und den kausalen; das ist jedoch nur zum Zweck der analytischen Darstellung von Bedeutung. Wenn die Methode des inneren Forschens von der Form des Ego abhängig wäre, so wäre jede Methode völlig undurchführbar, denn das Ego kann eine Unmenge von Formen annehmen. Was die Suche nach Erkenntnis (*Jñana-Vichara*) betrifft, solltest du daher davon ausgehen, dass das Ego nur *eine* Form hat, nämlich die des Ich-Gedankens.

Frage: Aber das reicht für die Verwirklichung der Erkenntnis (Jñana) vielleicht nicht aus.

Maharshi: Wer nach dem Selbst forscht, indem er der Spur des Ich-Gedankens folgt, gleicht dem Hund, der seinem Herrn anhand dessen Geruch nachspürt. Der Herr kann weit entfernt und an einem ganz unbekannten Ort sein, was aber nicht im Mindesten verhindern wird, dass der Hund ihm nachfolgt. Der Geruch des Herrn ist ein untrüglicher Anhaltspunkt für das Tier, und nichts anderes, weder die Kleidung, die er trägt, noch seine äußere Erscheinung und Körpergröße sind hierbei ausschlaggebend. Der Hund hält sich ausschließlich an diesen Geruch, während er nach seinem Herrn sucht, wodurch es ihm auch zuletzt gelingt, ihn aufzuspüren.

Ebenso ist bei deiner Suche nach dem Selbst der einzige unfehlbare Schlüssel *Aham-Vrtti*, der Ich-Gedanke, das »Ich bin« als Grundvoraussetzung all deiner Erfahrungen. Kein anderer Schlüssel bringt dich so unmittelbar zur Selbstverwirklichung.

*Frage: Es bleibt aber dennoch die Frage bestehen, warum das Forschen nach dem Ursprung des Ich-Gedankens (*Aham-Vrtti*) im Unterschied zu anderen Regungen (*Vrttis*) als direkter Weg zur Selbstverwirklichung zu betrachten ist.*

Maharshi: Das Wort *Aham* (Ich) enthält einen sehr wichtigen Hinweis. Die beiden Sanskritbuchstaben, aus denen es besteht, nämlich *A* und *HA*, sind der erste und der letzte Buchstabe des Sanskritalphabets. Dieses Wort deutet an, dass es alles umfasst. Denn »*Aham*« bedeutet die Existenz an sich.

Das Konzept »Ich« oder »Ich-Bin« ist zwar im Sprachgebrauch als *Aham-Vrtti* bekannt; es ist aber in Wirklichkeit keine solche Regung (*Vrtti*) wie die anderen Regungen des Geistes. Denn während zwischen allen anderen Regungen keine wesentliche gegenseitige Wechselbeziehung besteht, ist der Ich-Gedanke mit *allen* Regungen des Geistes und Gemütes auf gleiche Weise zutiefst verbunden. Ohne den Ich-Gedanken kann keine andere Regung bestehen, aber der Ich-Gedanke kann allein existieren, ohne von irgendeiner anderen Regung des Geistes abhängig zu sein. Der Ich-Gedanke unterscheidet sich daher grundlegend von anderen Regungen.

Wer also nach dem Ursprung des Ich-Gedankens forscht, forscht nicht bloß nach dem Ursprung von einer der verschiedenen Ego-Formen, sondern er forscht nach der wahren Quelle selbst, aus der sich das »Ich-Bin« erhebt. Mit anderen Worten: Die Suche nach der Quelle des Ego und ihre Erkenntnis in Form des Ich-Gedankens beinhaltet notwendigerweise das Transzendieren des Ego in allen seinen möglichen Formen.

Frage: Wenn man auch zugeben muss, dass der Ich-Gedanke letztlich alle Formen des Ego enthält, so ist mir trotzdem noch nicht klar, warum nur er als Mittel zur Selbsterforschung gewählt werden soll.

Maharshi: Weil der Ich-Gedanke die einzige, unumstößliche Grundlage deiner Erfahrung ist und weil die Suche nach seiner Quelle der einzige gangbare Weg ist, den du einschlagen kannst, um das Selbst zu verwirklichen. Man sagt, das Ego habe einen Kausalkörper; wie aber kannst du nach ihm forschen, da du ja, wenn das Ego diese Form annimmt, in der Dunkelheit des Schlafs versunken bist?

Frage: Sind aber nicht die subtilen und kausalen Formen des Ego zu ungreifbar, um durch das Forschen nach der Quelle des Ich-Gedankens erfasst zu werden, das ja im Wachzustand des Geistes geübt wird?

Maharshi: Nein, diese Frage ist unrichtig gestellt; denn das Forschen nach der Quelle des Ich-Gedankens rührt an die Grundfesten des Ego. Daher ist die Feinstofflichkeit der Egoform kein ausschlaggebender Gesichtspunkt.

Frage: Es ist aber doch das einzige Ziel, die absolute, reine Natur des Selbst zu verwirklichen, die in keiner Weise vom Ego abhängig ist. Wie kann dann das Forschen nach dem Ego in Form des Ich-Gedankens irgendeinen Nutzen haben?

Maharshi: Vom praktischen Standpunkt der Form, der Tätigkeit, oder wie immer du es sonst nennen magst, gesehen (es ist unwichtig, da es vergänglich ist), hat das Ego nur ein einziges Merkmal. Das Ego dient als »Knoten« zwischen dem Selbst, dem reinen Bewusstsein, und dem physischen Körper, der als solcher träge und empfindungslos ist. Das Ego wird daher *Chid-Jada-Granthi* genannt (der Knoten zwischen dem Bewusstsein und dem Unbelebten). Bei deinem Forschen nach der Quelle des Ich-Gedankens ergreifst du den wesentlichen Aspekt des Ego, nämlich *Chit* (Bewusstsein); aus diesem Grund muss das Forschen zur Verwirklichung des reinen Bewusstseins des Selbst führen.

Frage: Wie ist die Beziehung zwischen dem reinen Bewusstsein, das der Erleuchtete (Jñani) verwirklicht, und dem »Ich-Bin«, das als Grundlage jeder Erfahrung gilt?

Maharshi: Das undifferenzierte Bewusstsein des reinen Seins ist das »Herz« oder *Hridayam*, das du in Wahrheit bist, wie schon das Wort selbst es ausdrückt (*Hrt* + *Ayam* = das Herz bin ich). Aus dem »Herzen« erhebt sich das »Ich-Bin« als die Urtatsache unserer Erfahrung. Sie gehört ihrem Wesen nach dem Prinzip der Reinheit an (*Shuddha-Sattva*). In diesem Zustand von *Shuddha-Sattva-Svarupa* (Reinheit, die nicht mit *Rajas* oder Aktivität und *Tamas* oder Trägheit vermischt ist) scheint das »Ich« im Erleuchteten fortzubestehen.

Frage: Im Erleuchteten bleibt also das Ego in sattvischer *(reiner) Form bestehen und erscheint daher als etwas Wirkliches. Habe ich Recht?*

Maharshi: Nein. Die Existenz des Ego in jeglicher Form ist sowohl im Erleuchteten als auch im Unerleuchteten Täuschung. Dem Unerleuchteten aber, der fälschlicherweise meint, dass der Wachzustand und die Welt wirklich seien, scheint auch das Ego etwas Wirkliches zu sein. Da er den Erleuchteten wie andere Individuen handeln sieht, meint er, er müsse auch ihm eine gewisse Form von Individualität zuschreiben.

Frage: Wie ist der Ich-Gedanke dann im Erleuchteten aktiv?

Maharshi: Er ist überhaupt nicht aktiv. Das Merkmal des Erleuchteten ist das »Herz« selbst, weil er eins und identisch mit jenem unteilbaren, reinen Bewusstsein ist, das die *Upanishaden Prajñana* (Weisheit) nennen. *Prajñana* ist in Wirklichkeit *Brahman*, das Absolute, und es existiert kein anderes *Brahman* als *Prajñana*.

Frage: Wie entsteht dann unglücklicherweise aus dieser einen und einzigen Wirklichkeit die Unwissenheit des Ajñani?

Maharshi: Der Unwissende (*Ajñani*) sieht nur den denkenden Geist, der eine bloße Widerspiegelung vom Licht des reinen Bewusstseins ist, das aus dem »Herzen« kommt. Vom »Herzen« selbst weiß er nichts. Warum? Weil sein Geist nach *außen* gerichtet ist und niemals seine Quelle gesucht hat.

Frage: Was hindert das unendliche, unteilbare Licht des Bewusstseins, das vom »Herzen« kommt, daran, sich dem Unwissenden zu offenbaren?

Maharshi: So wie Wasser im Topf die ungeheure Sonne in den engen Grenzen des Topfes widerspiegelt, so erhaschen die latenten Neigungen des Geistes und Gemütes (*Vasanas)* des Individuums, die als das reflektierende Medium wirken, das alldurchdringende, unendliche Licht des Bewusstseins, das vom »Herzen« ausgeht, und bilden in Form eines Spiegelbildes jenes Phänomen, das Geist bzw. Gemüt genannt wird. Der Unwissende, der nur diese Reflektion sieht, wird dadurch zum Glauben verleitet, dass er ein *Jiva*, ein endliches Wesen ist.

Wenn sich der Geist durch das Forschen nach der Quelle des Ich-Gedankens nach innen wendet, erlöschen die latenten Neigungen (*Vasanas*), und in der Abwesenheit des reflektierenden Mediums verschwindet auch das Phänomen der Widerspiegelung, nämlich der Geist, da er vom Licht der einen Wirklichkeit, des »Herzens«, aufgesogen wird.

Das ist die Essenz dessen, was ein Wahrheitssucher wissen muss. Was unbedingt von ihm verlangt wird, ist ein ernsthaftes, zielgerichtetes Forschen nach der Quelle des Ich-Gedankens.

Frage: Aber all seine Bemühungen beschränken sich auf den Geist bzw. das Gemüt im Wachzustand. Wie kann ein solches Forschen, das nur in einem *der drei Zustände des Geistes durchgeführt wird, den Geist selbst vernichten?*

Maharshi: Das Forschen nach der Quelle des Ich-Gedankens beginnt der Übende zweifellos im Wachzustand des Geistes. Man kann nicht sagen, dass in ihm der Geist bereits vernichtet wurde. Aber im Verlauf der Selbsterforschung wird klar, dass der Wechsel oder die Verwandlung der drei Zustände des Geistes, sowie die drei Zustände selbst, der Welt der Erscheinungen angehören, durch die seine intensive innere Forschung nicht berührt werden kann.

Das Forschen nach dem Selbst ist nur durch intensive Introversion des Geistes möglich. Das Endergebnis eines solchen Forschens nach der Quelle des Ich-Gedankens ist in der Tat die Verwirklichung des »Herzens« als das unteilbare Licht reinen Bewusstseins, in dem das reflektierte Licht des Geistes vollständig aufgesogen ist.

Frage: Besteht für den Erleuchteten also kein Unterschied zwischen den drei Zuständen des Geistes?

Maharshi: Wie sollte das möglich sein, wenn Geist und Gemüt selbst im Licht des Bewusstseins aufgelöst wurden und sich in ihm verloren?

Für den Erleuchteten sind alle drei Zustände gleich unwirklich. Der Unwissende aber kann das nicht begreifen, weil für ihn der Wachzustand der Maßstab der Wirklichkeit ist; für den Erleuchteten hingegen ist der Maßstab der Wirklichkeit die Wirklichkeit selbst. Diese Wirklichkeit des reinen Bewusstseins ist ihrer Natur nach ewig und existiert daher gleichmäßig während aller Zustände fort, die du Wachen, Träumen und Schlafen nennst. Für ihn, der eins ist mit der Wirklichkeit, gibt es weder Geist und Gemüt noch deren drei Zustände und darum auch keine Introversion und Extraversion.

Er lebt im Zustand ewiger Wachheit, da er zum ewigen Selbst erwacht ist; er lebt im Zustand ewigen Träumens, da die Welt für ihn nicht mehr ist, als eine ständige Wiederholung eines Traumes; er lebt im Zustand ewigen Schlafens, da er jederzeit frei von dem Bewusstsein »Ich-bin-der-Körper« ist.

Frage: Sollte ich es dann so auffassen, dass Shri Bhagavan in einem Wach-Traum-Schlaf-Zustand zu mir spricht?

Maharshi: Du nennst deinen gegenwärtigen Zustand deshalb Wachzustand, weil deine bewusste Erfahrung auf die anhaltende Extraversion deines Geistes beschränkt ist. Aber im Hinblick auf das Selbst befand dein Geist sich die ganze Zeit über in tiefem Schlaf, und du schläfst folglich auch jetzt ganz tief.

Frage: Für mich ist der Schlaf eine bloße Leere.

Maharshi: Das ist deshalb so, weil dein Wachzustand lediglich ein Übersprudeln rastloser Gedanken und Gefühle ist.

Frage: Mit dem Wort »Leere« meine ich, dass mir im Schlaf so gut wie nichts bewusst ist; er ist für mich dasselbe wie Nichtexistenz.

Maharshi: Du existiertest aber während des Schlafs.

Frage: Wenn das so war, so habe ich es jedenfalls nicht gemerkt.

Maharshi: Du willst doch nicht allen Ernstes behaupten, dass du aufhörtest zu existieren, während du schliefst! (Lachend.) Wenn du als Herr X schlafen gingst, erwachtest du dann als Herr Y.?

Frage: Ich kenne meine Identität vielleicht durch eine Art von Erinnerung.

Maharshi: Zugegeben, aber wie wäre das überhaupt möglich, wenn es keine Kontinuität des Gewahrseins gäbe?

Frage: Aber ich war mir dieses Gewahrseins nicht bewusst.

Maharshi: Nein. Wer sagt, dass du im Schlaf nicht bewusst bist? Dein Denken! Welchen Wert hat das Zeugnis deines Denkens im Hinblick auf deine Existenz oder Erfahrung während des Schlafes? Das Zeugnis deines Denkens einzuholen, um dein Existieren oder dein Gewahrsein während des Schlafs zu widerlegen, ist so, als würdest du deinen Sohn zum Zeugen aufrufen, um deine Geburt zu widerlegen!

Erinnerst du dich, wie ich dir früher sagte, dass Existenz und Bewusstsein nicht zwei verschiedene Dinge sind, sondern ein und dasselbe? Wenn du nun aus irgendeinem Grunde meinst, zugeben zu müssen, dass du im Schlaf existiertest, dann sei dir sicher, dass du von dieser Existenz auch wusstest.

Das, was dir im Schlaf wirklich nicht bewusst wird, ist deine körperliche Existenz. Du verwechselst dieses Körper-Bewusstsein mit dem wahren Bewusstsein des ewigen Selbst. Der Ursprung des »Ich-Bin«, *Prajñana*, besteht immer und ist unberührt von den drei vergänglichen Zuständen des Geistes; dadurch kannst du deine wahre Identität stets unvermindert bewahren.

Prajñana ist auch jenseits der drei Zustände, weil es ohne sie und trotz ihrer bestehen kann.

Diese Wirklichkeit solltest du während deines sogenannten Wachzustandes suchen, indem du den Ich-Gedanken (*Aham-Vrtti*) zu seinem Ursprung zurückverfolgst. Die intensive Übung dieser Erforschung wird enthüllen, dass der Geist samt seinen drei Zuständen (Wachen, Träumen und Schlafen) unwirklich ist und dass du das ewige, unendliche Bewusstsein des reinen Seins, das Selbst oder das »Herz« bist.

Bhagavan Shri Ramana Maharshi

Von *Swami Siddheswarananda*

Swami Siddheswarananda war ein Vedanta-Gelehrter von Ruf und hervorragendes Mitglied des Ordens der Shri Ramakrishna-Mission, deren Ashram in Paris von ihm geleitet wurde.

Als er noch in Indien lebte, war er ein häufiger Besucher des Ramana Ashrams und ein glühender Anhänger von Bhagavan Shri Ramana Maharshi, den er als lebendige Inkarnation der Wahrheit verehrte, als eins mit dem Universum, als das Selbst von Allem.

Shri Ramana Maharshi verkörpert eine Auffassung und Lebensphilosophie, die die Essenz vedischer Lehren darstellt. In Indien kann eine Lebensphilosophie keinen wirklichen Einfluss haben, solange sie sich nicht im Leben dessen widerspiegelt, der sie vertritt. Wir müssten also eigentlich sagen, dass es das Leben eines Menschen und seine »Verwirklichungen« sind, die es erst ermöglichen, ein philosophisches System zu schaffen, und erst ein solches Leben vermittelt Verständnis und eröffnet einen Horizont, der die Gesellschaft als Ganze beeinflusst und die Beziehungen unter den Menschen veredelt.

Als die Propheten des alten Indien jene höchsten Wahrheiten verwirklichten, die sie in den vedischen Hymnen und den Lehren der Upanishaden niederlegten, sah man sie als das Salz der Erde an. Sie waren zu Leuchttürmen geworden, die die zweifelnde Menschheit auf ihrem Weg führten. Die Wahrheiten, die diese großen Weisen entdeckten, fanden sie in ihren Seelen. Und was sie die Menschen lehren, ist nur die Methode, wie sie in ihr Inneres gehen und jenen Schatz ans Tageslicht heben können, den alle besitzen. Es ist diese Sichtweise vom Recht eines jeden auf eigene Innenschau, die dem menschlichen Bemühen Würde verleiht, da Wahrheit unser legitimes Erbe ist.

Die Upanishaden wenden sich an alle, die die Wahrheit suchen, mit den Worten: »Oh ihr Erben unsterblicher Seligkeit!« Kann es Ermutigenderes geben als diese Worte der Hoffnung? So findet der Mensch nicht die Erbsünde als Grundlage seiner Existenz vor, sondern die goldene Flamme aus dem Licht des *Atmans*!

Der Maharshi hatte dies allein herausgefunden, ohne äußere Hilfe. Als sehr junger Schüler wurde er einmal von Todesfurcht überwältigt. Er warf seine Bücher weg, die so oft die Wahrheit eher verschleiern als enthüllen; er legte sich auf den Boden, schloss die Augen und ahmte alle Symptome des Todes nach. Er selber schilderte die Empfindungen, die jene Erfahrung damals begleiteten:

»Jetzt ist der Tod gekommen, was bedeutet das? Was ist gestorben? – Der physische Körper stirbt.« Ich stellte also die Todesszene dramatisch dar, streckte meine Glieder aus und ließ sie steif werden. Ich hielt den Atem an. »Nun gut«, sagte ich mir, »dieser Körper ist tot; sie werden kommen, ihn zur Verbrennungsstätte bringen und er wird zu Asche. Aber wenn der Körper tot ist, bin ich dann auch tot, ›Ich‹? Ist der Körper das ›Ich‹? Er ist leblos, und außerdem fühle ich meine Persönlichkeit unabhängig von ihm. So bin ich also todloser Geist, jenseits des

Körpers, der Leben und Tod unterworfen ist.« Dieses alles spielte sich intensiv vor meinem Innern ab, ohne dass es sich hätte ausdrücken müssen. Ich empfand es als lebendige Wahrheit unmittelbar und ganz unumstritten. Die Todesfurcht verschwand ganz und endgültig. Diese bewusste und unmittelbare Gegenwart des ›Ich‹ oder Selbst, die vom physischen Körper vollkommen unabhängig ist, hat mich seitdem nicht wieder verlassen.«

ꕥ

Die unmittelbare Erfahrung des Selbst wird *Aparokshanubhuti* genannt; sie unterscheidet sich von all jenem Wissen, das durch intellektuelles Bemühen erreicht wird, stets eine Beziehung zwischen Subjekt und Objekt einschließt und folglich durch Raum und Zeit begrenzt und daher ohne jeden transzendentalen Wert ist. Wer das Selbst unmittelbar erfahren hat, wird als »befreit« angesehen, schon während er noch lebt; er wird *Jivanmukta* genannt. Das Dasein solcher Menschen, die lebende Verkörperungen der Wahrheit sind, macht diese Wahrheit sichtbar. Die vedantische Verwirklichung dieser bemerkenswerten Wesen bietet auch anderen die Möglichkeit einer praktischen Anwendung und hebt damit das menschliche Bewusstsein auf eine höhere Ebene.

Dieser Aspekt des *Vedanta* hat die Aufmerksamkeit der großen Gelehrten auf seine Lehren gerichtet. Forschung im Sinne von *Vedanta* geht viel tiefer als alle objektive materielle Analyse; sie wendet sich der wesentlichen Basis aller Wahrnehmung zu und vermittelt uns so eher eine Zusammenfassung der Wahrheit, als eine beschränkte Sichtweise. Das Interesse, das die westliche Welt an Leben und Lehre Shri Ramana Maharshis nimmt, beweist die universale Anziehungskraft von *Vedanta*, dessen Verkörperung man im Weisen von Tiruvannamalai erlebt.

ꕥ

In einem Artikel über Indischen Yoga schrieb Mon. Lacombe (Sorbonne) über den Maharshi:

»Seine Persönlichkeit strahlt eine Kraft aus, die aus Intelligenz und Selbstmeisterung besteht. Ein blitzendes Auge, eindringlich und fest, ohne Härte, eine olympische Ruhe der Gebärde, schlank und zart der unbewegte Körper, so wird er von bedeutenden Beurteilern als echter Yogi angesehen, der die höchste Verwirklichung erreicht hat.«

Ich zitiere diesen Abschnitt nur, um den Eindruck zu zeigen, den der Besuch bei Maharshi für jemanden erzeugte, der die Atmosphäre um den Weisen zu würdigen weiß.

Für einen Europäer jedoch, der von den Traditionen westlicher Theologie und Philosophie geprägt ist, mag es sehr schwer sein, in irgendeiner Form zum Leben des Maharshi Kontakt zu finden.

Ich möchte mir erlauben, dem Gelehrten gegenüber zu bemerken, dass der Maharshi viel eher ein *Tattva-Jñani* ist als ein *Yogi*; seine Anschauung des Lebens umfasst das ganze Leben, das für einen Inder die drei Zustände *Jagrat, Svapna* und *Sushupti* (Wachen, Traum und Tiefschlaf) beinhaltet. Für den Yogi wird das »Ich« als kosmische Identifizierung erfahren, für die der Wachzustand (*Jagrat*) der entscheidende Bereich des Erlebens ist. Wollte man nach Beispielen für diese kosmische und universale Erfahrung des »Ich« suchen, wie Mon. Lacombe es an anderer Stelle nennt, so fände man, dass in Indien kein Mangel ist an Mystikern, die auf dieser Erfahrungsgrundlage einen hohen Grad der Verwirklichung erreicht haben.

Der Maharshi aber ist vor allem ein *Tattva-Jñani*, das Gebiet seiner Forschung und Erfahrung ist weit umfassender als das des Mystikers. Er überschreitet die Grenzen aller drei Zustände.

Der Maharshi bedient sich einer Ausdrucksweise, die durch die Überlieferung geheiligt und von den Weisen Indiens seit der Zeit der Upanishaden immer verwendet wurde. Die Lehren des Maharshi stimmen vollkommen mit den philosophischen und religiösen Schriften des alten Indien überein und sind eine unmittelbare Weiterführung der Lehren der großen Weisen der Vergangenheit.

Wer einmal Gelegenheit hatte, den Maharshi selbst zu sehen, der weiß sehr wohl, dass er weder »extravertiert« noch »introvertiert« ist. Er ist der »normalste« Mensch, dem man nur begegnen kann. Er ist tatsächlich ein *Sthitaprajna*, ein Mann, der fest in der Weisheit wurzelt. Ich habe ihn erlebt, augenscheinlich vollkommen in sich selbst versunken, so dass jeder glaubte, er sei völlig im Selbst aufgegangen; aber als in diesem Augenblick jemand am Ende der Halle einen Fehler beim Rezitieren gewisser Tamil-Verse machte, öffnete der Maharshi die Augen, verbesserte den Fehler, schloss sie wieder und kehrte in seinen vorherigen Zustand zurück. Ich habe schon gesagt, dass man nicht behaupten könne, die äußere Welt interessiere ihn nicht. Er hat einen außergewöhnlichen Grad der Konzentration erreicht, und da diese Konzentration ununterbrochen in einem immer währenden Zustand der Erkenntnis (*Jñana*) ruht – der Weise nennt es *Sahajasthiti* (der natürliche Zustand) –, ist der Maharshi weder introvertiert noch extravertiert. Er IST einfach. Und durch seine Erkenntnis der letzten Wirklichkeit ist er auch in ihrem Ausdruck der Vielfalt der Erscheinungen eins mit ihr; er ist eins mit dem Universum als Ganzem.

Als ich ihn sah, empfand ich ihn als das vollkommene Beispiel jener Beschreibung, die *Shri Shankaracharya* in seinem Buch »Das Kleinod der Unterscheidung« von den Merkmalen eines *Jivanmukta*, eines »zu Lebzeiten Befreiten« gibt. Der Vers 429 lautet:

»Der Mensch, dessen Geist in Brahman aufgegangen ist, der aber nichtsdestoweniger vollkommen wach ist und doch gleichzeitig frei von den Kennzeichen des Wachzustandes, dessen Verwirklichung frei ist von allem Wünschen, der sollte als ein zu Lebzeiten Befreiter betrachtet werden.«

Der Begriff der Introversion und Extraversion kann nur auf jemanden angewendet werden, dessen Lebensphilosophie sich allein auf den Wachzustand bezieht.

Im »*Panchadasi*«, einem maßgeblichen Werk über *Advaita*, finden wir in Vers 13 des Kapitels VI eine Feststellung, die zu diesem Punkt außerordentlich wichtig ist. Der Verfasser, *Vidyaranya*, sagt dort:

»Die Zerstörung von Welt und *Jiva* (Einzelseele) bedeutet nicht, dass sie für die Sinne nicht wahrnehmbar würden, sondern dass ihre unwirkliche Natur erkannt wurde. Geschieht dieses nicht, so würden die Menschen ohne alle persönliche Anstrengung nur eine Befreiung finden wie in traumlosem Schlaf oder in der Ohnmacht (wenn alle Wahrnehmungen vollkommen schwinden).«

Wie die Gita es ausdrückt: Der *Atman* vergisst sein wahres Wesen und glaubt, dass er das Ego wäre und als solches der Urheber aller Handlungen – ein Irrtum, der die Ursache aller Missverständnisse ist. Ein Mann wie der Maharshi, der das Ego transzendiert hat, wird von den Upanishaden als das Selbst von Allem angesehen.

Könnten wir nur einige Zeit neben dem Maharshi zubringen, wir würden dieses Leben der Erleuchtung im Licht seiner eigenen Worte besser verstehen, ein Leben, das gleich dem großen Feuer auf dem Berg Arunachala ein wirkliches Leuchtfeuer ist für alle, die im Indien von heute die wiedererstandene Wirkung der Lehren aus den von alters her geheiligten Upanishaden finden möchten.